Corriendo bajo la lluvia
Running Back Through the Rain

Corriendo bajo la lluvia
Running Back Through the Rain

Poesía Escogida
Selected Poems
1982-1998

Raúl Barrientos

Edited by
Ben A. Heller

Translated by
Ben A. Heller
Christopher Maurer

SWAN ISLE PRESS
LA ISLA DEL CISNE EDICIONES
CHICAGO

Swan Isle Press, Chicago, 60640-8790
La Isla del Cisne Ediciones

Printed in the United States of America
First Edition

Library of Congress Cataloging-in-Publication Data

Barrientos, Raúl.
(Poems. English & Spanish. Selections)
Corriendo bajo la lluvia: poesia escogida, 1982-1998 = Running Back Through the Rain: selected poems, 1982-1998 / Raúl Barrientos; edited by Ben A. Heller; translated by Ben A. Heller, Christopher Maurer.
—Bilingual ed., 1st ed.
p. cm.
ISBN 0-9678808-4-X (hc)
1. Barrientos, Raúl—Translations into English.
I. Heller, Ben A., date. II. Title
III. Title: Running Back Through the Rain.
PQ 8098.12.A77A26 2002
861'.64—dc21 2002024038

The printing of this book is made possible in part by a generous grant from the Illinois Arts Council, a state agency.

In Memoriam

Humberto Díaz Casanueva

Agradecimientos

El autor agradece la cooperación y buena voluntad de las casas editoriales que publicaron los poemas en el español original:

Histórica relación del reino de la noche, Mexico: Editorial Oasis, 1982.

Pie del Efímero, Santiago de Chile: Libros del Maitén, 1985.

Libro de las imágenes, Ottawa, Canada: Ediciones Cordillera, 1989.

Monarca, Ottawa, Canada: Ediciones Cordillera, 1997.

Llave de neón, Santiago de Chile: Ediciones Lom, 1998.

Se les agradece a las revistas literarias su permiso para publicar aquí traducciones que aparecieron anteriormente:

"Crazy Bird At Summer's End/Outline of The Poem," "Stephanie," "They Will Scatter Salt Over Us," *Seneca Review* (trad.: B. Heller)

"Bells," *Portable Lower East Side Review* (trad.: B. Heller)

"They Found His Armor in Lyons, Kansas. Assoc. Press," *New England Review* (trad.: C. Maurer)

"It Would Be Better, Really, If They Just Ate It All and We Ended This,""Sunday," "And What Did They Do To The Strike," *International Poetry Review* (trad.: B. Heller)

"The Conga Player Versus The Magnet," *Brújula/Compass* (trad.: B. Heller)

"Cellophane," *Graham House Review* (trad.: B. Heller)

"The River," *Maryland Poetry Review* (trad.: C. Maurer)

"When Fred Astaire Came Dancing Into My Life," *Review/Latin American Literature and Arts* (trad.: C. Maurer)

"All That Jazz," *The Massachusetts Review* (trad.: B. Heller)

"I'm The One Who Flies and You The Monarch," "The Messenger Was Carrying a Lamp," "Summer Concert," "I, Who Came Back Running Through The Rain," *Review/Latin American Literature and Arts* (trad.: B. Heller)

El autor y los traductores agradecen a David Rade su apoyo entusiasta de esta publicación.

Acknowledgements

The author thanks the publishers of the poems in the original Spanish for their cooperation and good will:

Histórica relación del reino de la noche, Mexico: Editorial Oasis, 1982.

Pie del Efímero, Santiago de Chile: Libros del Maitén, 1985.

Libro de las imágenes, Ottawa, Canada: Ediciones Cordillera, 1989.

Monarca, Ottawa, Canada: Ediciones Cordillera, 1997.

Llave de neón, Santiago de Chile: Ediciones Lom, 1998.

Grateful acknowledgement is given to the magazines where some of these translations appeared previously:

"Crazy Bird At Summer's End/Outline of The Poem," "Stephanie," "They Will Scatter Salt Over Us," *Seneca Review* (trans.: B. Heller)

"Bells," *Portable Lower East Side Review* (trans.: B. Heller)

"They Found His Armor in Lyons, Kansas. Assoc. Press," *New England Review* (trans.: C. Maurer)

"It Would Be Better, Really, If They Just Ate It All and We Ended This," "Sunday," "And What Did They Do To The Strike," *International Poetry Review* (trans.: B. Heller)

"The Conga Player Versus The Magnet," *Brújula/Compass* (trans.: B. Heller)

"Cellophane," *Graham House Review* (trans.: B. Heller)

"The River," *Maryland Poetry Review* (trans.: C. Maurer)

"When Fred Astaire Came Dancing Into My Life," *Review/Latin American Literature and Arts* (trans.: C. Maurer)

"All That Jazz," *The Massachusetts Review* (trans.: B. Heller)

"I'm The One Who Flies and You The Monarch," "The Messenger Was Carrying a Lamp," "Summer Concert," "I, Who Came Running Back Through The Rain," *Review/Latin American Literature and Arts* (trans.: B. Heller)

The author and translators thank David Rade for his enthusiastic support of this publication.

Índice

Contents

Introducción

El lector tiene en sus manos la instantánea de una vida en la poesía. Desde poemas escritos a comienzos de los 1970s después del trágico golpe de estado chileno de 1973 ("De los fusilamientos"), a poemas marcados por la locura fin de milenio ("Acuario") y la esperanza difícilmente lograda ("Reconstrucción"). Y en medio, poemas que exploran las vivencias no contadas de inmigrantes en Nueva York ("Stephanie"), poemas que recrean los "Años difíciles" y las maravillas ("Cuando Fred Astaire entró en mi vida bailando...") de los 1930s en los Estados Unidos, poemas que escrutan la extravagancia de la cultura estadounidense donde el break dancing puede coexistir con las reconstrucciones de la vida colonial, todo en un solo fin de semana ("Domingo"). Y ese comentario desgarrador sobre relaciones raciales en los E.U., "All That Jazz," que comienza con una banda de jazz al aire libre y termina mucho más adentro del caso de los Scottsboro Boys que la gran mayoría de nosotros habremos penetrado antes, con una parada final en el incendio de la sede de MOVE en West Philadelphia.

Estos poemas beben profundamente en la tradición de la poesía latinoamericana, y especialmente en la rica tradición chilena. Pablo Neruda, Vicente Huidobro, César Vallejo, Humberto Díaz Casanueva, y Gonzalo Rojas—todos crearon lenguajes, registros, que tocan estos poemas y que son tocados por ellos. Pero estas voces mayores no

Introduction

The reader will find here a snapshot of a life's work in poetry. From poems written in the early 1970s following the tragic 1973 coup d'etat in Chile ("On the Executions"), to poems marked by end-of-millennium madness ("Aquarium") and hard-won hope ("Renovation"). And in between, poems that explore the untold lives of New York immigrants ("Stephanie"), poems that recreate the hard times ("Años difíciles") and the marvels ("When Fred Astaire Came Dancing Into My Life...") of 1930s America, poems that ponder the extravagance of an American culture where break dancing and re-enactments of colonial life can cohabitate, all in one weekend ("Sunday"). And that wrenching commentary on race relations in the U.S., "All That Jazz," which takes off from an outdoor jazz band and ends up further into the case of the Scottsboro Boys than most of us have ever gone, with a final stop at the burning of the MOVE headquarters in West Philadelphia.

These poems drink deeply in the Latin American—especially the Chilean—poetic tradition. Pablo Neruda, Vicente Huidobro, César Vallejo, Humberto Díaz Casanueva, and Gonzalo Rojas—all created idioms, registers, that touch these poems and are touched by them. Yet these other voices do not constrain that of Barrientos. Like all good poetry, this poetry transforms the past. As José Lezama Lima would say—himself a paradoxical iconoclast—strong poetry breaks down the

embargan la de Barrientos. Como toda buena poesía, ésta transforma el pasado. Como diría José Lezama Lima—que también fue iconoclasta paradójico—la poesía de vuelo mayor fragmenta el pasado y lo impulsa a nuevas órbitas, nuevas configuraciones. Y esta poesía hace precisamente eso.

Si Barrientos fuera sólo un poeta latinoamericano, su poesía no dejaría de asombrar y de encontrar un público. De hecho, ha publicado en España y en muchos países de Latinoamérica, y ha ganado dos veces el premio del Consejo Nacional del Libro y la Lectura en Chile, categoría inédito. Pero Barrientos es más que latinoamericano. Es americano en el verdadero sentido de la palabra—de las Américas—, cruzando continentes lingüística y afectivamente, desde Manhattan hasta la lluviosa isla de Chiloé. Pertenece tanto al español como al inglés. Este libro no es más que la bienvenida oficial a su otra mitad.

Ben A. Heller

past and sends it into new orbits, new configurations. This poetry does just that.

If Barrientos were only a Latin American poet, his poetry would still astonish and still find an audience. In fact, he has published in Spain and throughout much of Latin America, and has won the Chilean national book award for unpublished manuscripts twice. Yet Barrientos is more than Latin American. He is American, in the true sense of the word, from the Americas, spanning the continents linguistically and emotionally, from Manhattan to the rainy island of Chiloé. He belongs in both Spanish and English. This book is just an official welcome to his other half.

Ben A. Heller

Corriendo bajo la lluvia
Running Back Through the Rain

De **Histórica relación del reino de la noche**
1982

From **Historic Account of the Kingdom of the Night**

1982

Amor oscuro

(En su segunda imploración—mucho más pública—
unas palomas arreciaron desde la catedral mientras se
escuchaba el miserere nobis. *Después orinó con cuidado,*
cariñosamente, en las magnolias. Los Antiguos no dan
más detalles. Supo alguien de él?)

El narrador el coronista
que venga el narrador
a verme boqueando de una esquina a la otra
a todo animal en llamas y a toda ceniza
tú que me ofreciste fementida
el puro cielo de tus aguas
y me regalas
con la tumba de la opresión
en la bocacalle d'estos cirios

el narrador que venga el narrador

Dark Love

(In his second much more public prayer doves poured
down from the cathedral, to the sound of the miserere nobis.
Then he peed carefully and lovingly on the magnolias. The
Ancients give no other details. Does anyone know what
happened to him?)

The narrator the chronicler
bring on the narrator
to see me gasping from one corner to the next
full flaming beast and full ash ahead
perfidious woman you who offered me
the pure sky of your waters
and regale me
with the tomb of oppression
at the intersection of these tapers

the narrator bring on the narrator

(CM)

Puras brisas te cruzan también

(Uno de los libros en la hoguera ardía de este modo: «El arco iris que se ve desde la tierra atravesar el cielo, le vemos desde estas cumbres tendido por el suelo, escabelo de nuestros pies... ni es menos de maravillar que vamos pisando aquellas peñas enjutas y secas al mismo tiempo que se desgajan las nubes de agua e inundan la tierra...»)

Las más puras brisas cruzan también por el patio
desbocando este gallo de vitrales prohibidos

un ramalazo de campanas
anuncia la triple oscuridad

la llama eleva sus lenguas azules
hasta el lomo cordillerano
libro majestuoso abierto contra la tierra
destilando su río

Pure Breezes Cross You Too

(One of the books in the bonfire was burning like this: "As for the rainbow that seems to cross the sky when seen from the earth, from these peaks we see it stretching across the ground, and we use it as a footstool... and no less marvelous, we walk upon those dry, lean crags at the very moment that the clouds loose their water and flood the earth...")

The purest breezes cross the courtyard too
spooking this rooster of forbidden stained-glass

the bells lash out
their prophecy of triple darkness

the flame lifts its blue tongues
to the flank of the mountains
majestic book open against the earth
distilling its river

(CM)

De los fusilamientos

1

De ojo en ojo tejida
de mano en mano
de mano en periódico
de nombre en nombre en radio
de casa en casa en silencio increíble
de día en noche en océano de dolor
en río en desierto en nube de paloma y bombardero
en tierra ensangrentada y en árbol con sus clavos
de norte a sístole del mundo

se leyó la noticia
la muerte nos fue remando a culatazos

he ahí la palabra que nos fue dictada
que nos viene uniendo con su tabla,
atados

On the Executions

1

Woven from eye to eye
from hand to hand
from hand to newspaper
from name to name on the radio
from house to house in unbelieving silence
from day to night in an ocean of grief
in river and desert in cloud of dove and bomber
in land streaked with blood and the tree with its nails
from north to the systole of the world

the news was read

death was rowing through us with the butt of a gun

here's the word dictated to us
that joins us with its plank,

bound

2

«...ajuntaron más de seiscientos indios a sacar oro. Luego dio orden en hacer un bergantín.»

– Gerónimo de Bibar

Hace siglos se apoderaron del humus
y taparon sus vergüenzas con símbolos de la fe
despejaron el camino a machetazos
estrujaron los ríos a patadas
desaguaron a los indios como moscas en los lavaderos

ahora estos muertos abonan la tierra
para un libre juego de capitales
en el mercado de la doncella dudosa

3

La leyenda dice: «Prodigioso árbol de cruz y crucifijo que nació y se ve en la noche.»

Ya flota la piel del fruto
en el alba de los caídos
oscuras cáscaras para el gran trinchante
que su desastre de capitanes pinta:
la furia en ristre va y viene
mondando

2

"...they gathered together more than six hundred indians to pan gold. Later, the order was given to build a brigantine."

– Gerónimo de Bibar

Centuries ago they took possession of the humus
and covered their privates with symbols of the faith
hacked open the road with machetes
trampled the rivers dry
drained the indians like flies on the shoals

now these dead fertilize the earth
for a free play of capital
on the market of the doubtful maid

3

The legend says: "Miraculous tree, cross and crucifix that was born and is seen in the night."

The fruit skin already floats
on the dawn of the fallen
dark rinds for the great carver
painting his disaster of captains:
fury at the ready comes and goes

peeling

la noche a sablazos perdidos

el diente hunde su arma en la carne
y crece un jugo de sudores en el patio

en este cielo pintado a las cinco de la mañana
la nervadura del árbol despéjase
y la semilla meciéndose vuelve a la tierra

4

«Item, mon corps j'ordonne et laisse
a nostre grant mere la terre.»

– F. Villon

Y legó en favor de la tierra
las piernas con sus pies colgados
el aire de los brazos abiertos
una crispadura de dedos
el vértigo enrollado en el vientre
el agujero de su poncho en la cabeza
el vacío de las nubes entre sus hombros
los pelos del pavor sobre la playa
la arruga del mar a su puerto
el cauce del río venidero a su madre

the night with wild slashes

the weapon of the tooth sinks into flesh
and a dew of sweating bodies pervades the patio

against this sky painted at five a.m.
the veins of the tree burn away
and the seed rocks back to earth

4

> *"Item, mon corps j'ordonne et laisse*
> *a nostre grant mere la terre."*
>
> – F. Villon

And he willed to the earth
his legs with their dangling feet
the air of his open arms
a twitching of fingers
the vertigo clenched in his bowels
the poncho slit in his skull
the space of the clouds between his shoulders
the hackles of fear on the beach
the wrinkle of the sea at his port
the return of the river to its bed

nos legó el forado contundente

de un chorro

bermellón

y ácido

abrazado a sus leños

baraja de corazones sobre la mesa

5

No diríamos que cayó sobre la hierba
sino que creció en los paisajes sulfúricos
como un pájaro de amplia visión
diremos que su piel iluminada
fue la pantalla de una lámpara en la nieve

abrazó la tierra del sur
como un infinito campo de violetas
esparcidas en el rincón del cuartel

nadie lloraría un derrame de brumas entre sus dedos

abrazó la tierra en la madrugada
y con densa llama semejante a ella
comenzó un mismo camino de neblina
boda de hálitos en la boca del río

he willed to us the stunning hole
of a crimson
acid
stream
hugging his pyre
a straight flush of hearts on the table

5

We wouldn't say he fell to the grass
rather he grew among sulfuric landscapes
like a keen-eyed bird
we'll say his glowing skin
was the shade of a lamp in the snow

he hugged the south lands
like an endless field of violets
strewn in the corner of the barracks

no one would bewail the mist spilling through his fingers

he hugged the land at daybreak
and with a dense flame like dawn
started down the same road of mist
marriage of vapor in the river's mouth

6

Aunque tu fantasma revele su miedo
aunque por dentro derrames el sucio barro
aunque olvides tu rostro en nombre del dolor
aunque no veas la sangre tu múltiplo de siete
aunque tu piel sea un cenicero
aunque navegues en los litorales de la perversidad
aunque tu pequeño tiempo tenga un lirio salobre en la mano
aunque las páginas vuelen en un aire de odio
aunque el cisne levante su cuello
aunque las palabras sean insuficientes
aunque las agujas despojen a los dedos
aunque el gallo cante tres veces su bolero
aunque no verás la aurora

aunque las páginas vuelen en un aire de odio
aunque el cisne levante su cuello
aunque las palabras sean insuficientes
aunque las agujas despojen a los dedos
aunque el gallo cante tres veces su bolero
aunque no verás la aurora

6

Though your ghost betrays its fear
though within you spill filthy mud
though you forget your own face in the name of grief
though you don't see your blood your own times seven
though your skin is an ashtray
though you sail through zones of perversity
though your moment grasps a salty lily in its hand
though pages go flying in a gust of hate
though the swan lifts its neck
though words be insufficient
though needles despoil fingers
though the cock crows thrice its bolero
though you won't see the dawn

though pages go flying in a gust of hate
though the swan lifts its neck
though words be insufficient
though needles despoil fingers
though the cock crows thrice its bolero
though you won't see the dawn

7

Ardiendo bajo la noche y sus despojos
derrama su miel silenciosa
la luz de los que van a morir
¿cómo cayó mirando el cielo a todo dar?

así tendido le nace una espuela
crece su flor altísima
                                        y galopa

por allí viene por allí
                                        a quedarse
con asomos de así será pues así es
es nomás al soplo hasta la última
al solo su galope un vuelco de cenizas
ágil y muy antiguo ágil tanto más
y dice vamos duros plurales míos
                                                                        vamos

8

Que no se crea que la poesía
lame estéticamente al fusilado

7

Blazing beneath the night and its spoils
the light of those about to die
spills its silent honey
how did he fall while gazing fixedly at the sky?

outstretched a spur grows out of him
his flower stretches high
                                        and gallops

over there it's coming that way
                                                    to stay
as if to say that's how it will be because that's the way it is
just is to the very end gusting
at its gallop just a spilling of ashes
agile and ancient so much more agile
and he says let's go my hard plurals
                                                            let's go

8

Don't believe poetry
aesthetically licks the executed

no es un invento esta copia del natural
este aserrín sobre la baba
y el vómito de la vigilia

cosa seria el chirrido de fierros
la última arruga enloquecida
la llave que pastorea
las puertas meadas
el cráneo enfocando al sol
y las tripas ahogadas en su sangre

qué tal
será un cadáver este desaparecido
para escupirlo
o echarle unas florecitas? ¿ah?

9

La ultrajaron viendo botas en su cara
embadurnaron con mucho odio
reventaron su guitarra no hay Dios

no de basurales ni de olvido
el hueso blanco tornasol en su matriz

this copy from life is not an invention
this sawdust on spittle
and the vigil's vomit

it's dead serious this squeal of irons
the final crazed wrinkle
the key that tends
                    the pissed-on doors
the skull that focuses sun
and guts awash in their own blood

how about it
will this disappeared be a corpse
                                        to spit on
or toss some tiny flowers at, huh?

9

Boots in her face they abused her
smeared her with much hate
smashed her guitar there is no God

not of trash dumps nor oblivion
the white bone iridescent in her womb

porque el río suena con voz de padre
hablándole hablándole
y ella le canta le canta

dijérase que vino a vivir
tendida desde el aire alto
hasta los repliegues de la honda piedra
prisionera piedra fue
y quemándose en el pecho
cantó por los siglos los siglos de su gente
—Yo soy el cauce el cauce el cauce
el cauce tuyo

10

Y si todo aleteo de pájaros en el corazón
como prolongación de fusilado en su hijo
tuviera su vuelo y su árbol su flecha
para edificar la Casa
levantar el dedo
el brazo de la preciosa piedra empuñada
el pecho caudaloso de gargantas
el semen del pez que se transforma en hijo

because the river murmurs with a father's voice
talking and talking to her
and she sings to him she sings

you could have said she came to live
hung from high reaches
down to the creases in buried stone
the stone was a prisoner
burning in her chest
she sang for the centuries the centuries of her people
"I am the river bed the river bed
your river bed"

10

And if all winging of birds in the heart
like the living on of the executed in his son
had its flight its tree its arrow
to build the House
                    lift a finger
the arm of the precious clutched stone
the chest flowing with throats
the fish's semen that turns into a son

la transmutación angélica del pie
que ausculta la tierra
el viento refrescante sobre la erosionada piel
y el oleaje de tapas violetas?

11

He aquí la velocidad de la poesía
contra el flaco trayecto de la bala
es decir el litoral de las arenas grises
el camino polvoroso de la tierra
el río cordillerano
las piedras del río
el carbón de las piedras
los tambores atávicos de la madera
tocando en la puerta cada vez más resucitada
vida más intraducible

12

En conclusión
cada vez que fusilen al río
saltará el agua
desde su pecho

the angelic transmutation of the foot
that listens to the earth
the refreshing wind on eroded skin
and the waves of violet bindings?

11

Here: the speed of poetry
against the bullet's thin trajectory
which is to say the gray sand coast
the dusty road of the earth
the river down from the mountains
the stones of the river
the coal of the stones
the atavistic wooden drums
beating at the door each moment more alive
life more untranslatable

12

In conclusion
every time they shoot the river
water will spurt
from its chest

(BH)

Dies Irae

Para Humberto Díaz Casanueva

El amanecer del rencor que avanza sobre la noche
el amanecer que se arrastra en silencio
el amanecer de las piedras moradas
el amanecer de la última despedida sus enredadas flores de cerezo
el rencor que enrojece la madera y el viento
el rencor como un viaje de lavas sin desembocadura
el rencor como un océano perdido
el cuerpo que duerme aún en el martes del guerrero
la mañana de la cólera que recalienta rejas y candados
la cólera como un platillo sonoro que vibra en la mañana
la tapa del silencio que vuela por el aire con su grito de guerra
la amenazadora lengua del siniestro que anuncia el mal tiempo de las
furias
y la madera es una lengua de fuego
y el viento es una lengua que azota
y el oído se abre como un caracol delirante a pesar de tanta advertencia
la ira endurecida
la ira con dentadura de volcán
la ira con todo su tiempo de murallas por delante
el mediodía de la ira que reparte sus serpientes
y un arrecife de tambores a los pies de las vestiduras

Dies Irae

For Humberto Díaz Casanueva

Dawn of rancor that marches on the night
dawn that drags itself along in silence
dawn of the purple stones
dawn of the last goodbye its tangled cherry blossoms
rancor that reddens wood and wind
rancor like a flow of lava without exit
rancor like a lost ocean
body sleeping still through the warrior's Tuesday
morning of anger that heats fences and locks to glowing
anger like a cymbal that reverberates in the morning
cap of silence that flies through the air with its war cry
threatening tongue of the ominous one who trumpets the furies' evil
time
and the wood is a tongue of fire
and the wind is a tongue that lashes
and the ear opens up like a delirious snail despite so many warnings
the ire hardened
ire with volcano teeth
ire with all its time behind walls before it
mid-day of ire that shares out its serpents
and a reef of drums at the feet of the vestments

un río de cadenas enemigas
un río de profundos tajos cordilleranos
un manto púrpura de todo corazón
un sol de corazas guerreras
un látigo fulgurante en el desierto
un redoble de timbales a lomo de caballo
un larguísimo redoble de archipiélagos masacrados en el sur
un corno de rencor a galope tendido
una paloma destrozada en el fondo de la guitarra
una pluma con engrudo bermellón y humo
un ruido de jabón hirviente por las calles
una molienda de tanques en fiesta
un enjambre que manotea sorprendido
un muro con manchas de escalofrío
un apaleo de olas en la orilla
un apaleo de la tierra
una ventolera de bronces recién frotados
una campana de vendavales ebrios
una buganvilla en el patio de la escuela
un prado verde cautivo en el estadio
un incendio de trigales atónitos
una hoguera de libros prohibidos
un olor de huesos calcinados
un río de aguas que suben

river of enemy chains
river of deep mountain cuts
blanket dyed purple straight from the heart
sun of warrior breastplates
blinding whip in the desert
roll of kettle drums hung from the back of a horse
long roll of archipelagoes massacred in the south
horn of rancor at full gallop
dove destroyed in the depths of a guitar
feather with vermilion paste and smoke
noise of boiling soap through the streets
a grinding of tanks living it up
swarm that smacks back surprised
wall stained with shivering
threshing of waves on the shore
threshing of the land
gust of bronzes recently burnished
bell of drunken gales
bougainvillea in the courtyard of the school
green meadow captive in the stadium
blaze of stunned wheat fields
bonfire of banned books
odor of charred bones
river of rising waters

un cielo rojo en la plaza

he aquí el día del odio y la venganza

las cenizas serán esparcidas

red sky above the square

behold the day of hatred and of vengeance

the ashes will be scattered

(BH)

Con la arena empuñada he vivido en los escalones

«Es de plata y se halla situada en Calicoa, lugarejo que dista cuatro leguas de Gualqui. Hemos estado a visitarla, pero no hallé nada capaz de satisfacer mi curiosidad, considerada la fama que han alcanzado por su riqueza las minas de este país.»

Journal of a Residence in Chili. By a Young American.
Boston: Wells & Lilly, 1823*

Partida la noche en dos corolas de nieve —qué manera de entrar en
materia—
salí de la biblioteca lleno de brillantes fragmentos
el texto antiguo de los mercaderes sus rutas de insomnio
y esa foto de la patrullera que creíase
la muerte entrando en el polvo

la nieve palpitaba en la noche blanca
doblaba la campana de los sueños —qué manera—
la gigantesca flor del cerezo sobre los edificios
balanza innumerable que diseña a mano alzada
un antiguo lugar de piedras en fragor

cuando de qué manera cogí un puñado de nieve
el polvo de los libros se congeló en las manos
y persistió esa foto mercaderes esa foto

*La traducción del epígrafe pertenece a J. T. M. En: *Diario de un joven Norte-Americano detenido en Chile*. Santiago: Imprenta Elzeviriana, 1898.

With a Fistful of Sand I Have Lived On The Steps

"This is situated in Calicoa, a village about four leagues distant from Gualqui, and is of silver. We have been to see it, but I found nothing calculated to satisfy the curiosity, which the accounts of the richness of the mines of Chili had raised."

Journal of a Residence in Chili. By a Young American. Boston: Wells & Lilly, 1823

With the night cleft into two corollas of snow—what a way to
begin—
I left the library full of brilliant fragments
the merchants' text their sleepless routes
and that photo of the patrol that believed it was
death entering dust

snow throbbed in the white night
the bell of dreams rang out—what a way—
the cherry blossom hung huge above the buildings
a numberless scale that sketches at arms length
an ancient place of stones in uproar

when somehow I caught up a fistful of snow
the dust of the books froze in my hands
and that photo merchants that photo stayed

(BH)

Negro spiritual

Ladrillo a ladrillo se hundió el largo aliento del esclavo
a voces aleteaba la frente contra la enredadera
ya levantados los nudos centenarios
y no tambaleó la ruma de libros
ordenados piadosamente detrás del musgo

el ratón sonríe y saluda por los pasillos
como un ángel que voló en un espejo georgiano*

con la ciega obstinación de la tarde
la grúa remece y muerde el edificio deshabitado
caterpillar del derrumbe I want to be ready en el sur**
y sobre las últimas ruinas
un negro con las rodillas en la tierra
remueve las espinas de un ladrillo

el ratón sonríe
                        saluda a oscuras
y se apodera de las ruinas

**Porque yo los he visto* azotando punzadas de sobretiempo / *en el destierro de un ladrillo difunto* (Alberti, 1929).

** Y porque yo los he visto sudando 'Joshua fit the battle of Jerico' *y esa voz no se extingue como pájaro muerto* (Cernuda, 1929).

Negro Spiritual

Brick by brick, the slave's long breath sank down
forehead bobbing and shouting against the honeysuckle
knuckle-knots raised like centuries
unwavering stack of books
piously arranged behind the moss

the mouse smiles and says hello in the halls
like an angel flying through a mirror in Georgia*

with the blind stubbornness of afternoon
the crane slams into the abandoned building bites it
caterpillar of collapse I want to be ready down south**
and over the final ruins
a black with his knees on the ground
picks at the spine of a brick

the mouse smiles
                                        says hello dimly
and takes over the ruins.

**Because I have seen them* lashing stitches of overtime / *in the exile of a dead brick* (Alberti, 1929).

**And because I have seen them sweating 'Joshua fit the battle of Jericho' *and that voice does not fade away like a dead bird* (Cernuda, 1929).

(CM)

De **Pie del Efímero**

1985

From **Ephemeral's Foot**
1985

Pájaro loco al final del verano / Boceto del poema

Pájaro enfático llamaste al pájaro del amor,
nunca declamatorio en sus alardes, sus enredos de silencio, nunca
en este calor de la gran carnavalada, atravesando
todo el verano envuelto en un tufillo de locura

(1. *—volar*

esto a la tercera perdición.)

Suculento entre ajos y cebollas, murmuraciones

(2. *—kakukfü*)

del aceite que salta y del pescado que resalta en la cocina,
—desde aquí viejas emigrantes un día vieron el Empire State,
ellos sudaban en l'altura—:
destellos para la cena sonora del parco ya citado

(3. *—o borrar*

un poquito la vegetación y poner uno que otro metal.)
E cosí ma non troppo, un corte tierno en la carne, así.

Para que nada termine sino el placer registrado en su altímetro,
sabio por su locura cuando vuela el hemisferio,
loco por su sabiduría cuando el sur pide por abajo,
y anudado por el bel canto a la noche

Crazy Bird At Summer's End / Outline of The Poem

Emphatic bird you called the bird of love,
never raving in its displays, its arabesques of silence, never
in the heat of this grand practical joke, all summer
wrapped in a fume of madness

(1. *"fly*

this to the third damnation.")

Succulent among garlic and onions, sputter

(2. "kakufü")

of oil leaping and fish flipping in the kitchen,
from here the old emigres once saw the Empire State,
men sweated at those heights:
glints for the resonant supper of the quiet one mentioned above

(3. "or blur

the vegetation some and add a little metal.")
E cosi ma non troppo, a tender slicing of flesh, thus.

So nothing will end but the pleasure told by his altimeter,
wise with insanity when he soars across the hemisphere,
mad with wisdom when the south calls from below,
and knotted by the bel canto to the night

(4. *—tercera*

soga su tercera risa),

—ah, el loco sudor loco, el barro del amor, hosanna, hosanna—,

requiescat in pace en la tierra prometida

(5. *—su imagen*

se desata en esta línea: sábana

bajo el sol que sin pensarlo dos veces va saliendo),

sabio hasta en los más mínimos destellos. Pájaro.

(4. "third

rope, his third laugh"),

ah, the mad, cracked sweat, the mud of love, hosanna, hosanna—

requiescat in pace in the promised land

(5. "his image

unravels in this line: a sheet

in the sun that rises without a second thought),

wise down to the smallest glint. Bird.

(BH)

Cuchillo

Sea el silencio su cuchillo en los repliegues
del corazón que va a explotar,
y después la osamenta de un puma soplado
en la ventisca del sol deleznable,
bruñida por las arenas de un desierto
que subió en llamas y giró jadeando.

Sea la piedra socavada por un río del sur su cuchillo,
tirando las costuras de su rostro,
de cuajo la sutura de un año con otro enterrado
bajo el encantamiento de doce loquísimos pájaros
que dicen que sí, que con trucos no,
no en el agua de los augurios,
en los nudos del no-me-olvides.

(Estos pudieron ser los rostros del padre acuclillado,
única patria bajo el lenguaje carcomido de sus lápidas:
cortando el enigma rutilante sus peces,
la medula del sueño, medula tan táctil al fin,
cerrándose este círculo trepidante
con su jazmín de aleluya, aleluya tronchado
de lo falso y lo cierto de todos los sueños).

Knife

Let silence be his knife in the folds
of a heart about to explode,
and later the bleached bones of a puma driven
by the blizzard of a crumbly sun,
burnished by the sand of a desert
that climbed in flames and panting circles.

Let his knife be the stone worn down by a southern river,
pulling at the seams of his face,
uprooting the suture of one year buried under another
under the spell of twelve crazy birds
that say yes, but please no tricks,
not in the water of auguries
but in the knots of the forget-me-not.

(These might be the faces of the squatting father,
one fatherland under the cankered tongue of its tombstones:
its fish slicing through the brilliant enigma,
the marrow of dream, marrow so quick to the touch,
closing this vibrant circle
with its jasmine of alleluia, alleluia cut like a flower
of dreams true and dreams false.)

Sea el cuchillo —muñeca que tan bajo me vuelves a explotar—
en la palabra agua desde los repliegues del corazón,
desbaratando algo así como lirios
delirantes en la tabla de entrar y salir
bajo la lluvia y su ácido relámpago.
Aleluya de lo falso y lo cierto de todos los sueños.

Let the knife—wrist exploding again, so far down—
knife in the word water from the folds of the heart,
spoiling something like delirious
lilies on the plank for coming and going
in the rain and its acid lightning.
Alleluia of dreams true and dreams false.

(CM)

Persecución hacia el sur

Avistada la muerte desde el tren,
se precipita la cabeza rígida
sobre las agrias piedras del sudor;
desde el tren que atraviesa echando chispas
entre un coro de maldiciones de muerte.

Una lenta flecha sobre los pájaros
                                                  —ocres
pañuelos enjugan la frente—
hacia el frescor de los aserraderos.

Golpes urgentes remecen el aire,
                                              golpes
sobre tablas recién cortadas.
Sus cuatro martillazos indelebles
responden

Southward Pursuit

Death sighted from the train,
the stiff head plunges
onto the sour stones of sweat;
from the passing train sparks flying
in a chorus of death threats.

Slow arrow over the birds
                    —ocher
kerchiefs mop the brow—
toward the cool of the sawmills.

Urgent pounding rocks the air,
                        pounding
on newly cut boards.
Four indelible hammer blows
are answering

(CM)

Noche de brujas

Con una llave inglesa abro el éter de los hospitales,
sus pasillos solitarios con la mano insomne,
y con un compás al mundo por primera vez, la que sueña;
desde la infancia volaron los pájaros de bencina
y posáronse al ciprés del cementerio, quemándolo.

Llegó la ráfaga de medianoche,
sarmiento duro en la visión de los desaparecidos:
                                                                                    los llamo
en el entretecho de las brujas, y con el conjuro
suben rubias muchachas por la escalera que nace del mar,
borrachas muelen su propia harina, sin sonido;
los llamo, y con el conjuro de las sábanas
dos bocanadas del sol raído en otro mundo
yacen en la orilla: el alhelí con su compás.

Contra la viga maestra, esta llama votiva;
contra el sollozo acérrimo, esta mano que sueña.

—*Los estamos viendo* —dice la voz—. *Rompan la piedra,*
ábranla y que mane —dice la voz— *el agua de los Antiguos,*

Halloween

With a monkey wrench I open up the ether in hospitals,
their lonely corridors with my sleepless hand,
and trace the world with a compass for the first time,
        with the hand that dreams;
out of childhood came gasoline birds,
settling on the cypress in the cemetery, burning it.

A gust of midnight came,
gnarled vine in a vision of the disappeared:
                                                I call them
in the witches' attic, and my call is answered
by blonde girls climbing a ladder born in the sea,
drunkenly, soundlessly they grind their own flour;
I beckon them, and with the spell cast by the sheets
two mouthfuls of sun grated in another world
lie on the shore: the compass of a flower.

Against the roof beam, this votive flame;
against the staunch wailing, this hand that dreams.

"We can see you," says the voice. *"Break the stone,*
open it, so the water of the Ancients will flow,

que mane en el espejo de los grandes abrazos,

en la pátina tensa del diente con diente. Adiós.

(HABRÁ UN MENSAJERO CON UNA LLAVE INGLESA, SU SEÑUELO).

Contra la viga maestra, en otro mundo,

esta llama votiva de los grandes abrazos,

quemándonos.

let it flow in the mirror of huge embraces,

in the tense patina of tooth on tooth. Goodbye."

(THERE WILL BE A MESSENGER WITH A WRENCH, HIS LURE.)

Against the roof beam, in another world,

this votive flame of the huge embraces,

burning us.

(CM)

Palabras en memoria Tuya

Las palabras han dormido entre astillas donde labran las cuadernas,
bajo brisa de maderas aserradas, bajo sur oscuro,
han dormido en las cuadernas.

Hace cien años la piedra del molino el crepúsculo molió,
y un brillo de abejas del muermo al ojo molió,
y una balada de boteros haciéndose oleaje.

Al ritmo del remo, del Pie sobre ácida chamiza, del sudor comido,
se disolvieron entonces las palabras,
                                        esas que llegan
hoy porque Alguien Muy Antiguo nos dijo: —*Arco Iris;*
lluvia no habrá por quince días. Alcemos ramas de murta.

Ya ves, con este jarro de latón bebo agua del mismo pozo;
hace doscientos años vieron perderse sus rostros, las nubes
y el eco del sol, un velo rojo de nada.

Antes del verano tal vez dijeron,
tal vez cuando los ángeles desnúdanse cantando:
—*Pudieras ser agua, pero eres un espejo;*
pudieras ser espejo, pero serás mi Padre;

Words In Memory of You

The words have slept among splinters, where they shape the frames,
under breeze of sawed wood, under dark south,
they have gone to sleep in the ship frames.

A hundred years ago the millstone ground the sunset into dust,
bee-glint high in the muermo ground the eye
and a boatmen's ballad turning into waves.

To the rhythm of oars, rhythm of the Foot on acid thatch, of eaten
    sweat,
the words dissolved,
                    the ones that come
today because Someone Most Ancient told us: *"Rainbow;*
no rain will fall for fifteen days. Let us raise boughs of myrtle."

You see? With this tin pitcher I drink from the same well;
two hundred years ago they saw their faces disappear, the clouds
and the echo of the sun, red veil of nothing.

It must have been before the summer—
must have been when angels shed their clothes and sing:
"You could be water, but you are a mirror;

esa nuez pudiera ser mi Padre, la tierra, el silencio.

(DESDE EL OTRO LADO —DESDE EL HUMO DE BABILONIA, O EL TAXI

AMARILLO DE CARTAGO, DESDE EL SUBWAY DEL SÁLVESE QUIEN PUEDA—

EL APUNTADOR ALETEA SUS PAPELES: *—Yo estuve en sus hospitales,*

cáscara de plátano olisqueada en el silencio de los perros;

en sus muelles abandonados como cartílago de alquitrán, mudo.)

Esta noche dormiré con las palabras que me dieron,

palabras en memoria Tuya.

Arco Iris rojo de nada? Pronto florecen los cerezos.

you could be a mirror, but you will be my Father;

that walnut could be my Father, the earth, silence."

(FROM THE OTHER SIDE —FROM THE SMOKE OF BABYLON, OR THE YELLOW
TAXI OF CARTHAGE, FROM THE SUBWAY OF EVERY MAN FOR HIMSELF—
THE PROMPTER FLUTTERS HIS PAPERS: *"I was in your hospitals,*
banana peel sniffed in a stillness of dogs;
in your docks abandoned like cartilage of silent tar.")

Tonight I will fall asleep with the words they gave me,
words in memory of You.

Red Rainbow of nothing? Soon the cherry trees will flower.

(CM)

Piano con puñal y espejo al frente

Contra el azogue oscuro, al abismo suena el trote de circo miserable,
callejero:
a quién el payaso enseña la maroma del ufano, su pancito,
si lo hace riendo cuando sería tartamudo arrastrándose?

Hasta que asesto un golpe de puño: por la manga vuelan flores,
plumas de mentira;
sin orejas un conejo desarma la baraja, sin oído.

De pesadilla relampaguea el lomo:
potrillo soy el piano.
Afuera con el bolero y sus bártulos; aquí no hay tinta que valga ni
suspiro.

Asfixia por las estrellas, chisporroteo sobre los adoquines
en el ritmo del ojo: el párpado cata lo polvo que vamos, la llave del sol;
de taco alto y con tizne de Orompello, seguro, estarán desbocados los
ángeles.

Espinazo mío te me vas.
—*Ahí dejo temblando este cuchillo**— digo y contradigo
agarrándome a la cuerda, guardabajo cuido la clavícula
devorando cortinajes, camisa de locos.

---

*Lo dijo Gonzalo Rojas cuando vivía en Orompello.

Piano With Dagger Before A Mirror

Against the dark mercury, in the abyss, the trot of a wretched
    travelling circus:
To whom will the clown show his proud pirouette, his daily bread,
if he does so smiling when he would crawl and stutter?

Until I land a punch: out of my sleeve fly flowers, fake feathers,
an earless rabbit undoes the deck of cards, unhearing.

A nightmare bolt of lightning down the back:
                                        I am young colt: piano.
Down with the bolero and its baggage: here no ink, no sigh is
    worth the bother.

Asphyxia in the stars, crackle of sparks struck from paving stones
in the eye rhythm: the eyelid scans our dusty path, key of the sun;
on high heels, tinged with Orompello soot no doubt, the angels will
    have bolted.

Backbone of mine you're going.
*"I leave this knife trembling there"** I say and gainsay,
clinging to the rope, heads up I shield my clavicle,
devouring drapes, the jacket of the mad.

*Gonzalo Rojas said this when he lived in Orompello.

(CM)

Campanas

Hay un sonido que a sí mismo se remeda,
un balde contra las paredes del pozo y la soga que se va;
un suave golpe en el corazón y las palabras
que regresan temblando cada domingo:

—ahí las campanas—, sus falsas maravillas trajeron las tribus de allá;
a cada azote revelan un rostro de su Dios, remedan su Casa,
iluminan los tejados del East Village, su Nieve con la nieve lejana,
este mundo y el otro apenas vislumbrado.

Y después tocamos el silencio
exprimido ante la sopa del Bowery —mísero
silencio esa ululación, su serpiente—
el abandono en las ventanas cuando al otro lado
anunciaron la comedia musical,
                                        tocamos, esos rostros
mudos con un final oscuro en la hebra
de la urdimbre que se corta y se va:
la muerte mordisqueando los talones
en rellanos haciéndose polvo.

Bells

There's a sound that mocks itself,
a bucket against the walls of the well, the rope unreeling;
a soft blow in the heart and words
that tremble back each Sunday:

and then, bells—their fake miracles lured the distant tribes;
with every lash they reveal a visage of their God, they mock his House,
they light up the East Village roofs, its Snow and the distant snow,
barely glimpsing this world and the next.

Afterwards we ring the silence
wrung out before the Bowery soup—that howling,
its serpent, simply wretched silence—
dereliction in the windows when they announced
the musical on the other side,
                                        we ring, those mute
faces with a dark finale in the thread
of the warp that snaps and unravels:
death gnawing its heels
on landings dissolving into dust.

(BH)

Gallo

El día del loco, el loco de rodillas en la tina del baño
golpeándose el pecho, acurrucado, vuelto un ovillo sin letra, llorando.

Tendríamos que bailar en la nieve para no llorar.
Tendríamos que bailar para no morir. El día viene.

El caballo, he visto al caballo del cuerno
con la flor galopando entre los pinos,
y su gemido de lágrima viva goteando raíces.

Si asomase la gacela de las nieves
y tornara su lirio, los párpados de anoche.

Tendríamos que llorar y morir.

El día del loco
tremendamente riendo.

Rooster

Day of the madman, madman kneeling in the tub
beating his breast, snuggling and weeping, wordless ball of yarn.

We'd have to dance in the snow in order not to weep.
We'd have to dance in order not to die. The day is coming.

The horse, I have seen the horse with a horn
with the flower galloping through the pines,
his wailing a drizzle of roots.

If the snow gazelle appeared,
if his lily returned, the eyelids of last night.

We'd have to weep and die.

Day of the madman,
huge with laughter.

(CM)

Bajo el mismo sol

> *«Perdidos y errantes, echamos a los perros el corazón, todo el corazón, perdidos y errantes: atardece...»*
>
> – Pablo de Rokha

El mismo sol lujoso de los jardines palaciegos,
de los jardines ilustrados de la infancia, tiene dos caras;
en la ciega pocilga del sollozo y su ahorcado, ninguna;
tres tiene cuando no se hunde en el mar
para confusión de pescadores, por su prodigio,
y cae lentamente sobre la orquídea desnuda,
mi orquídea de la playa,
muchas tiene:

se pierde en el polvo del desierto el sol perro,
ladrando cuando la ventolera dice sus cosas,
o detrás de Chicago, Chicago del humo horizontal
que se arrastra por los tejados acoplándose
a las bestias malignas del crepúsculo,
a los perros del sol que husmean y hurgan,
año tras año husmean y hurgan en el corazón,
en el humo todo el corazón husmean y hurgan año tras año.

Under The Same Sun

> *"Lost, wandering, each throws his heart to the dogs, his whole heart, lost and wandering: it's getting late..."*
>
> – Pablo de Rokha

That same luxuriant sun of the palace gardens,
those storybook gardens of childhood, has two faces;
in the blind sty with its sobbing and its hanged man, none;
three when it won't sink into the sea,
confounding fishermen with its wizardry,
and slowly covers my little orchid
lying naked on the shore;
it has many:

that bitch of a sun is lost in the desert dust,
barking when the gale winds hum their tunes,
or behind Chicago, Chicago with its horizontal smoke
that drags itself over rooftops, coupling
with the malevolent beasts of evening,
with the dogs of the sun that sniff and paw,
year after year sniffing and pawing at my heart,
the smoke, my whole heart, sniffing and pawing year after year.

(BH)

«Más valdría, en verdad, que se lo coman todo y acabemos»*

Para Jorge Narváez

Y después de la lluvia, el arco iris brilla por su ausencia.
Porque de sequía espejearon las piedras, los huesos,
la increíble inocencia de los que van a morir: y no lo saben.
Y al final de la lluvia, mi tabla salobre flotando a la deriva,
y unas ratas con la panza hinchada: y si lo supieran, quién gritara
    esta boca es mía?
Y no vamos a ignorar Philadelphia ni Manhattan, sus puentes
lustrosos, agobiados bajo el vuelo del verano, sus gaviotas.

Y después de la lluvia,
no mirar al cielo sobre el Delaware, porque verás a una muchacha
    muerta,
ni desde ventanales de ningún hospital mirar hacia el Hudson, porque
    verás a la muchacha muerta.
Ni bajo sus puentes:
contorsiones de loco reptil, chifladura de óxido ácido en la boca del
    juicio final.
Su candado verías de perdición.

Sólo extender la cabeza, desplegar el ojo que cata la ración y su cuchara

“It Would Be Better, Really, If They Just Ate It All, and We Ended This”*

For Jorge Narváez

And after the squall, the rainbow is brilliantly absent.
Because the pebbles gleamed from drought, and the bones,
the incredible innocence of those about to die: and don’t know it.
And when the rain ended, my salt-swollen plank drifting,
and a couple of rats with distended bellies: and if anyone knew, who
    would shout or whisper?
And we won’t ignore Philadelphia or Manhattan, their glowing
bridges, stunned by the flight of summer, its gulls.

And after the rain,
don’t look at the sky above the Delaware, because you’ll see the
    corpse of a girl,
don’t gaze from any hospital windows toward the Hudson, because
    you’ll see the same girl.
Nor underneath those bridges:
crazy snake contortions, an acid oxide folly in the jaws of the Last
    Judgment.
You’d see its padlock of perdition.

Just stick your head out, unscrew your eye as it samples the ration

—al gracioso golpe de gracia, muchas gracias, señor—
como conviene al ciego que contra el ocaso
se le mojan las orejas y su perro, su bandera.

Para qué pedir un arco iris que una los extremos,
para qué una cáfila de pájaros pirotécnicos con su trino trocaico
quemándose en las oscuras aguas del hoy para mañana?

Y si preguntas ciego mío por las plumas y su música,
te dirán me diré, que en estos puentes no hay empresas grandiosas,
        ni bajo ellos.
Sólo latas oxidadas y restos de comida en una barcaza guiada por
        dioses miserables—
festín de sus gaviotas.

*César Vallejo

and the spoon
—with the gracious coup de grace, gracias, thanks a lot, sir—
as befits the blind man, who gets his ears wet, his dog,
his flag, against the setting sun.

Why beg for a rainbow to join the extremes,
or a horde of pyrotechnic birds and their warbling trochees
burning for tomorrow on today's dark waters?

And if you ask, my blind friend, for the feathers and their music,
they'll tell you I'll tell myself, that on these bridges there are no
grand enterprises, nor under them.
Just rusted cans and scraps of food on a scow maneuvered by
miserable gods—
a banquet for their gulls.

(BH)

*Cesar Vallejo

«Encontraron su armadura en Lyons, Kansas. Assoc. Press»

—A esta hora me dije desentierran
de las llamas en el desfiladero del sol
esta negra armadura, esta malla encadenada
y la espada de matar estos indios de New Mexico
que con rumbo desconocido nos meten en Kansas.

Ahora Francisco Coronado y los suyos hacen noticia, Dios mío;
ya encontrarán el cuchillo, mi calavera
y su tatuaje calcinado,
los huesos, la matadura
destos rojos caballos que sacudieron el sudor
y apagaron el apenas galope en el polvo;
desentierran,
desentierran estos arenales que pasaron
por el ojo de la herradura.

Durmamos aquí me dije con la sed y el hambre,
ni un instante olvidemos a Dios, el oro ni un instante le dije;
ya encontrarán nuestra fiebre y sus cabezas
en este rugido de bombardero,
en este viento de León.

“They Found His Armor in Lyons, Kansas. Assoc. Press”

“At this moment I told myself they are digging
from the flames in the ravine of the sun
this black armor, this chain mail
and the sword for killing these Indians of New Mexico
whose destination unknown put us in Kansas.

Now Francisco Coronado and his men are making news my God;
now they will the find the knife, my skull
with its calcined tattoo,
                    the bones, the saddle sores
of these red horses who shook off sweat
and snuffed out the almost gallop in the dust;
                                        they are digging up,
digging up these sand wastes that passed
through the eye of the horseshoe.

Let us sleep here I told myself with thirst and hunger,
not for a moment will we forget God gold not an instant I told him;
they will find our fever and its heads
in this roaring of the bomber,
in this wind of León.”

(CM)

Trans. note: León is Spanish for Lyons and lion.

Stephanie

1.- Y la hija fue la madre hilvanada
—la sábana, su trapo trapeador—
y la madre, flor de ventanas y baldosas, los pétalos
que las hijas bordaron en sus blusas
bajo cantos esteparios, perdidos
en la tarde de los cantos:

2.- sábana fue la memoria.

3.- De qué manera el cielo en esta calle, Stephanie,
Stephanie, el viejo mar y la valija, la foto con su timbre.

4.- Así vino ella: como si una mano la estrujara
sin medida
                desde lejos fue viniendo,
—los rincones a barrer, las hilachas, habrá venido—
resbalándose como si una mano le apretara su pescuezo,
le volteara la cabeza, hincada quedó;
                                                    hasta aquí
llegamos dijo un soplo apenas, sin villancico.

5.- Un viento frío le barrió su por Diosito sin mesura.

Stephanie

1.- And the daughter was the mother, but held together with pins
—a sheet, her rag mop—
and the mother was a window flower, tile flower whose petals
were embroidered by her daughters on their blouses
to songs of the steppes, songs lost
in an evening of songs:

2.- that sheet was memory.

3.- What a sky, Stephanie, above this street,
Stephanie, the old sea and its satchel, the postcard with its stamp.

4.- That's how she came: as if some rough hand
were squeezing her
                                        she was coming from a distance,
—to sweep out the corners, the lint, she must have come—
sliding in on her knees with her head twisted up,
as if a hand had her by the nape of the neck,
                                                                        we have come
this far she said, in a whisper, without a carol.

5.- An icy wind swept away her soft "My God."

6.- Le pusieron el maquillaje de la nada,
el Lip Quencher del nunca más.
Sería por último la novia
frente a sus hijos: fría la pusieron.

7.- Enarbolaban inmenso canto.
A la calle salían los cantos inmensos
al modo del humo que sube a las terrazas
y subiendo se aleja, se aleja.
Toda la noche le cantaron.

8.- Toda la noche: pasa un bus, y un avión
cierra la última palabra.
Entre ajenas vigas, quién se esconde
y gime de sexto piso para arriba?
Estos ojos que no ven, Stephanie, Stephanie.
Unos borrachos pasan. Y un avión.

9.- Amanece, se rompen las costuras
bajo el peso del Dios de la Gran Pisada,
le siguen sus acólitos con lánguido balido.
Y barredores levantando polvo.

6.- They made her up with the make-up of Nothingness,
Nevermore Lip Quencher.
She'd finally be a bride
in the eyes of her children: then they put her on ice.

7.- They raised a tremendous chanting.
The tremendous songs escaped to the street
like smoke that drifts past the terraces
and rising, is lost to sight, is lost.
All night long they sang for her.

8.- All night: a bus passes, a plane
seals the last word.
Who's that on the sixth floor hiding
in foreign rafters and sighing at the sky?
These eyes that do not see, Stephanie, Stephanie.
Some drunks pass by. And a plane.

9.- Day breaks; the seams split
beneath the weight of the God of the Heavy Step;
his acolytes follow, languidly bleating.
And sweepers raising dust.

(BH)

Ruinas

El gusano sube otro piso, llega a la azotea
y deja su baba a merced de las moscas,
las moscas del Dios pegajoso: llueve
a 90 grados de pavor sobre edificios abandonados
en el año del abandono y la fermentación;
el Bronx va quedando fuera del mundo,
                                                                su Padre
es una rata empolvada con la harina que comieron los dioses
y —hartos— la soplaron porque sí, en prueba de poder.
Ruinas que significan eso, ruinas
a los ojos de un gato asustado en la ventana.

Ruins

The slug climbs up another floor, makes it to the roof
and leaves its goo to the mercy of the flies,
the flies of a sticky God: it's raining
90 degrees of terror on abandoned buildings
in the year of abandon and ferment;
the Bronx is withdrawing from the world,
                                                                      its Father
is a rat dusted with flour the Gods once ate
and —stuffed— blew down to us, just because, as proof of their power.
Ruins that mean all this, ruins
in the eyes of a cat, frightened in a window.

(CM)

Tríptico

1

Revelado (con eco)

Entre juncales tiemblan los oscuros siete velos;
ellos reman, draga él, ella dragando
la respiración,
                                la fina, la casi lágrima
con lentitud en la niebla, y el silencio
entra en los círculos que la memoria empuja;
dragan el diezmo que yace al fondo del enigma:

cruzan la marea alta —un solo
cuervo rasante— la alta marea de los muertos.

Triptych

1

Revealed (with Echo)

In the reeds the seven veils of darkness tremble;
they row, he dredges, she dredging up
her breath,
                    the pure, the almost teardrop
slowly in the mist, and the silence
enters the circles sent out by memory;
they dredge up the tithe from the bottom of the enigma:

they cross at high tide—a single
crow skimming by—the high tide of the dead.

2

Ocaso

El Gran Pesquisidor con su caña de marear peces,
el Orejero Sumo de las sumas aguas
y el Punto Fijo en la bola de cristal con la muerte submarina
a su turno rodarán a la desembocadura:

la cruzarán —entre un vocerío de boteros y viudas del mar y de la
 hoguera—
con la muerte del que nada ve bajo las aguas, su propio mutis por el
 foro,
del que nada escucha en ellas, al margen de esta historia,
con sus redes ardiendo de petróleo y sol
desparramados sobre el océano al ocaso.

2

Sunset

The Grand Inquisitor with his rod for dizzying fish,
the Ultimate Stoolie of ultimate waters
and the Stake Out Man in the crystal ball with his underwater death,
will roll through the river mouth one by one:

will pass through at his death—among the shouts of ferrymen
        and widows, pyre widows and widows of the sea—
at the death of the one who sees nothing beneath the water,
        exiting back through the panels of the set,
who hears nothing in the water, at the margin of this history,
with his nets burning with oil and sun
spread on the ocean at sunset.

3

Calma antes de la lluvia

Dos hombres de pie en la chalana navegan,
la quietud los lleva hacia la rosa negra de otro mar:

Uno en la proa recibe la ceniza de las fábricas,
y el Otro contra el tiempo recuenta el silencio pedregoso de la playa.

En la calma cae el polvo de las postrimerías,
se disuelven aparejos y cordajes y cadenas.

Un soplo de sal borra las facciones de los navegantes
cuando la sirena grita tres veces
en la gruta de las lentas abluciones.

3

Calm Before Rain

Two men navigate standing in the scow,

the quiet carries them towards the black rose of another sea:

One in the prow endures the factory ash

and the Other races time to tell the stony silence of the beach.

The dust of Judgment Day drifts down in the calm;

ropes, cables, and chains dissolve.

A gust of salt smooths out the features of the sailors

when the siren shrieks three times

in the cave of the slow ablutions.

(BH)

Il Bosco para turistas

Blancos vestidos de negro con el pelo empedernido y coloreado,
negros tragafuegos,
bomberos lanzallamas,
blanquísima tragasables desde el cielo,
todos llegaron:
el indiano alcanforado con azufre,
mercaderes de incienso y desperdicios,
pianistas ambulantes con la cruz de los últimos días, falsos poetas,
unos recién salidos de la boutique del frente con ropajes a la moda,
desde Tompkins Square otros con espuma entre los dientes,
por Saint Marks, borrachos, rezumando mariguana,
el carnaval de la carne envejeciendo, humeante este verano.
Quién me compra el globo azul, verde o rojo, amarillo de Taiwan,
quién la droga?
                    Todos llegaron.
El fotógrafo del tiempo, la madre de cuál mañana,
del midwest la hija modelo,
un futbolista, un patinador tal vez?

Si es cosa de asfixia, a sacarse la corbata y entrar en el negocio:

Il Bosco for Tourists

Whites dressed in black with their hair kinky and colored,
black flame swallowers,
flame-throwing firemen,
a mime-white sword swallower straight from heaven—
everybody came:
the Indian moth-balled in sulfur,
incense sellers and sellers of refuse,
pianists on wheels bearing the cross of Judgment, false poets,
some who just left the boutique across the street in the latest attire,
others from Tompkins Square and foaming at the mouth,
or from over by Saint Marks, drunk, exuding clouds of marijuana,
a carnival of aging flesh, steaming in the summer heat.
Balloons for sale, blue, green, red and Taiwan yellow, who'll buy,
and who'll buy this reefer?
Everyone came.
The time photographer, the mother of just such a morning,
someone's model daughter from the midwest,
a soccer player, a skater perhaps.

If the problem is asphyxia, just loosen your tie and get down to business:

la limosna al moribundo —no recuerda ya de dónde vino, perdió el
habla—;
o al otro que de un viejo amor no se queja ni se olvida,
ya ni late tan siquiera;
al que deja un hijo, dos o tres y baila que veinte años no es nada;
al que fue a la guerra y miren cómo volvió;
al que escupe sangre a Garibaldi y pregunta por Kossuth,
guitarrea contra el tímpano
y entra al jazz que arma y desarma lo armado
en un diálogo de sordos cascarrabias,
cada cual en su idioma:

John el apóstol que derramó pus en su sector;
Maria Magdalena que lloró tres días con sus noches
cuando fue azotada por la peste;
Judit per capita en bandeja que por fin vio su rostro en la TV
y creyóse Zsa Zsa Gabor con su animal;
malandrines trashumantes con un rey grasiento en la baraja,
trasvestidos en noche de bodas, saltimbanquis, bionde perdutte per
vodka
y enmascarados solitarios —desenmascarados a oscuras—
ojos azules,
no gimas tus falsas alhajas.

a coin for the dying one —he can't recall where he came from, he's
lost the gift of speech;
or for the other whose long lost love isn't worth a sigh, an attempt to
forget,
not even a throb;
for the one who abandons a son, or two or three, and dances, hey
twenty years ain't nothing;
for the one who went away to war, just look how he came back;
for the one spitting nails at Garibaldi and asking for Kossuth,
he thrums on the tympani,
slipping into a jazz that constructs and deconstructs the once
constructed
in a dialog of stone deaf furies,
each in his own idiom:

John the Apostle who dripped pus all over his sector;
Mary Magdalene who wept three days and nights
when racked by the plague;
Judit per capita on a platter who finally saw her visage on TV
and thought she was Zsa Zsa Gabor with her fox;
gypsy scoundrels with a grease-marked king in the deck,
transvestites on their wedding night, acrobats, bionde perdutte per
vodka

Todo esto por nada, pobre aventura de unas flores
porque la amenaza, la locura, el miedo
en las telas del corazón ya sin madre, sin su tierra.
Si esta plaza está minada,
destapa el as,
mis sienes en las sienes imperiales.
Quién da más?

and solitary masked men—unmasked in the dark—
blue eyes,
          don't cry over costume jewelry.

All for nothing, a sad adventure for a few flowers,
because the threat, the insanity, the fear
tangling the strings of a mother-less, country-less heart.
If this square is mined,
                    turn over the ace,
my temples in the imperial temples.
Who'll see the bid and raise?

(BH)

Viejo ante un tablero de Washington Square

Con el recuerdo a flor de piel en la solapa, mansa espina,
viajando al compás de la rosa de los vientos —loca de remate en su
propia salsa—
contabilizando la historia de idas y regresos
y todas esas vueltas de la rueda hasta quedar desorbitado,
te sientas bajo estos árboles helándote los huesos
ante la jugada maestra.

Old Man Before a Board in Washington Square

Sporting memory —a thorn now tame— on one lapel,
wandering in time to the crazed rose of the winds, as crazy
    as a pickled loon,
recording the history of departures and returns
and all the many turns of the wheel until finally you get dizzy
and sit beneath these trees, chilled to the bone
before the move, that final stroke of genius.

(BH)

Conguero contra el imán

Lánzale a la cara la esterilla de mimbre, a la muela,
que pierda el brillo del pelo y de su piel,
por avaro que los pierda, que se vaya; espántalo
con una rama de tilo, al hueso con un palo;
ponle la piedra pura en las tijeras y aprieta:
aprieta el galope del corazón, empuña unos terrones.

Entonces invoca el ritmo, entonces sí contra el imán:
sepultada, que suba el agua viva, su cántico secreto,
hacia arriba sus dos alas, en puntas de pie;
porque el látigo era de fuego que suba con su número,
bailando con su número, desde el fondo en la fuente
de la plaza; de cemento el muro, el suelo, el hoyo.

Y sobre los techos esparce la tierra, nuestro barro.

The Conga Player Versus The Magnet

Hurl the welcome mat at his face, his tooth,
let him lose the sheen from his hair and skin,
lose it from greed, get rid of him; scare him away
with a linden branch, lay at him with a stick;
put only stones in the scissors and squeeze:
spur on the gallop of his heart, heft a few clods of dirt.

Then invoke the rhythm, that's it, against the magnet:
let the living water, buried, rise up on tiptoe
with its secret chant, its two wings stretching up;
since the whip was made of fire let it do its number, let it
come out dancing, from the bottom of the fountain
in the square; everything cement, the wall, the ground, the hole.

And sprinkle the roofs with earth, with our clay.

(BH)

Danza de la muerte

El acordeón, su abrigo, su abrigo clemente,
el aire que atravesó la mar, el aire antiguo,
el muelle felino del amanecer,
y estirador:
                    porque una ventisca
de patos anuncia que todo va yéndose.

Sea esta danza del venado
mi último paso fosfórico,
mi aire que atravesó la mar, mi fuelle antiguo
y elástico:

                  Tiempo de atar
y desatar tenemos, yendo y viniendo
entre un mar de escándalo y plazas de jirones,
jirones de piedad bajo el Árbol del Pabilo,
Tiempo de atar y desatar tenemos:
se recoge tiritando,
el abrigo,
su acordeón.

Dance of Death

The accordion, his only coat, his light spring coat,
a breeze from across the sea, an ancient breeze,
and the pier stretching out at dawn,
cat-like:
          because a blizzard
of ducks is squawking: Everything must go!

Let this stag dance
be my last phosphorescent number,
my breeze that made the crossing, my ancient
but limber bellows:

                    We still have time
to bind and unbind, to come and go
between a sea of scandal and squares full of rags,
rags of piety beneath the Tree of Lights.
We still have time to bind and unbind:
he huddles, shivering,
under his coat,
the accordion.

(BH)

Esparcirán sal sobre nosotros

Si fuera maná o azúcar cubriéndolo todo,
y lo que fue vueltas de campana
fuera saltos y vueltas de carnero;
y rompiéramos a reír y a llorar
esa locura del paraíso,
si fuera su polen demente,
porque estamos viendo al mismísimo Dios
—su florecita de cereza y su silencio
con el humo mezclándose—
y lo rascáramos en el suelo
y lo lamiéramos.

Y después enrollarnos quietecitos
mirando hacia el sur.

They Will Scatter Salt Over Us

If it were manna or sugar covering everything,
and what was tumbling down
were leaping and doing cartwheels instead
and we burst out laughing and crying
for that paradise of madness;
if it were his demented pollen,
because we're seeing God himself,
—His little cherry blossom and His silence
mixing with the smoke—
and we scratched at it on the ground
and licked it.

And then curled ourselves up quietly,
gazing south.

(BH)

De **Libro de las imágenes**
1989

From **The Book of Images**

1989

Años difíciles

El mundo ha envejecido
Y el hombre es el jinete que perdió el caballo
Piensa Mrs. June Standford

- Rosamel del Valle

—*El niño es el ángel que perdió el caballo*— musitó en triplicado Thomas Dentzel a la hora del espejo,
el día que desmanteló sus carruseles. Germantown, 1928. Años difíciles.
—*Será por mis pecados*— repetía Jenny Littleton, rubia entre negros, mirándose los dientes sin pan que llevarse a la boca, la de sus cuatro polluelos.
Años de vender dos lámparas y quedarse con una alumbrando el paladar. Dios que todo lo ve, ahí
el adorno escuálido del esqueleto con terribles cintas de cumpleaños.
Y los inviernos, esos alfileres sin llorar, como el olor de los sótanos húmedos, persistente.
Y el verano del 33: dormir en el patio, la camisa, la cabellera desatadas, la locura y el terror de las caries.

Años difíciles. Y comprar, águilas de la ocasión, comprar ahora que se desplegó esta carcoma, comprar si tienes el dinero.
O vender si no lo tienes. Y de un plumazo sobre el San Juan River a

Hard Times

The world is older now
And man is the rider who lost the horse
Thought Mrs. June Stanford

– Rosamel del Valle

"The boy is the angel who lost the horse," thought Thomas Dentzel, in triplicate, at mirror time
the day he took down his merry-go-round. Germantown, 1928. Hard times.
"It must be my sins," said Jenny Littleton, blonde among blacks, staring at her starving teeth, her mouth, the breadless mouths of her four little chicks.
Years of selling two of the lamps, keeping one to light the palate. God who sees all, there's
the squalid adornment of the skeleton with the terrible birthday ribbons.
And the winters, those pins without tears, like the relentless odor of a damp basement.
And the Summer of '33: patio slumber, shirt and hair let down, the madness, the terror of cavities.

Hard times. So buy, eagle-eyed bargain hunters, oh buy if you can, now that the worm has stirred.
Or sell, if you can't. Bag a bargain on the wing, rush of feathers in

todo vuelo, pajaritos de la ocasión.
Monopolio sería la palabra reflejada en el río, detrás del museo, duplicada en los sueños.
Charles Darrow la escribía y la volvía a escribir en las arenas de Atlantic City; la escribía con ese rouge de película en el espejo del baño. Sólo Dios lo sabe.

Todo negocio es un riesgo, qué bárbaro. Como el amor. En el fondo, tal vez caminando por Chelten Ave.,
se trate de comprar un chancho y venderlo como si fuera una estrella. El chancho rosado de los carruseles.
—*Sólo los ángeles son capaces de cabalgar chanchos rosados sin desbarrancarse*— musitó Darrow, con el miedito de no ser original.
—*Años difíciles*— repetía Jenny. *Será por mis pecados que sin siquiera sonreír he ido cometiendo.*
—*Vuelta loca pecaré*— se decía en la tina del baño, enmarañada frente al espejo.
—*Galoparás*— se dijo a los ojos, como asomando entre medias de seda.

flight over the San Juan River.
"Monopoly" would be the word reflected in the river, behind the museum, and doubled in dreams.
Charles Darrow wrote it and wrote it again in the sands of Atlantic City; wrote it with movie rouge on the bathroom mirror, and nobody knew it but God.

Any business is a risk, amazing. Like love. Down deep, maybe strolling down Chelten Ave.,
it's about buying a pig and selling it as if it were a star. The pink pig on the merry-go-round.
"Only angels can ride pink pigs without getting thrown," Darrow mused, a little afraid of not being original.
"Hard times," said Jenny again. *"It must be the sins I have sinned without even smiling."*
"I'll go crazy and sin," she said to herself in the bathtub, all muddled in front of the mirror.
"You will ride at a gallop," she told her own eyes, as if coming out of silk stockings.

(CM)

Domingo

Porque vamos a ver. Como una antorcha levantaste la cámara, tus
pechos en domingo, y dijiste:
—*Será mi varita mágica.*
Fotos que con el tiempo valdrían su oro: la colecta de los ancianos del
Club de Leones
que adornaron las calles de Germantown, sus gigantescos bastones
blancos relumbrando, gafas y tarros de café vacíos bajo el sol;
y ostentaron sus autos antiguos, autos de museo que nunca soplaron
polvo ni sorpresa.
Todo en favor de los ciegos.
Si el negocio anda mal —*una limosnita que Dios se lo pague*— te sientas
en la vereda a gozar el panorama, el vuelo de los ángeles en celo,
último placer después de altísimos años alta velocidad.

La serie de Cliveden, los libertadores de la colonia descansaban, una
mano apoyada en el trabuco y en la otra una coca-cola,
silbando baladas de vaqueros;
las mujeres —sus cofias, vuelitos de la cabeza— vendían chocolates y
pasteles, nueces y guías turísticas: todos listos para entrar en la
foto.

Sunday

So we'll see. Like a torch you raised the camera, your breasts, on Sunday,
and said:
"This will be my magic wand."
Photos that over time would be worth gold: the fund drive by the old
timers from the Lions Club
who adorned the streets of Germantown, gigantic white canes shining;
glasses and coffee cans empty in the sun;
showing off their antique cars, their museum cars that never exhaled
dust nor surprise.
All for the benefit of the blind.
If business is bad—*a bit of charity please, God will repay you*—just sit
down on the sidewalk to enjoy the panorama, the flight of angels
in heat,
high velocity a final pleasure after years on high.

The Cliveden series: the colonial liberators rested, whistling cowboy
ballads, one hand on a musket, in the other a Coca-Cola;
the women—their bonnets, little wings over their ears—were selling
chocolates and pastries, nuts and tourist guides; everything set for
the photo.

Al fondo, en la distancia, un vendedor de hot-dogs sin atuendo
colonial, y el negro de las biblias *porque vendrán Gog y Magog*
afiebrados con sus látigos a este valle de ladrones y echarán fuego sobre
los imbéciles que se vendieron.
Que vengan por dónde con sus látigos.

Ni sabemos de dónde vino el pájaro que se posó en la cabeza del
remero desconocido. Buena foto:
pájaro sereno, sin asomos de ruina venidera, del óxido-ladrillo que
mata el pelo como casco de buque abandonado.
Ni adónde irá desde estas márgenes que aletean oscuras contra las
piedras de Leteo. No entendemos su canto, su almíbar.
¿Qué sería de Garfield, me dije, la paloma que ganó en el verano del
32 el vuelo desde la Nueve con Greene St. hasta Germantown Ave.?
Tiempo récord en tiempos de hambre: 9 minutos y 30 segundos. ¿Qué
sería de Garfield, su mensaje cifrado?

Y el baile. Las fotos de los bailarines en Erie Ave, que competían en
breakdancing;
Rikumina Spiritoso, que ganó y perdió su vida bailando la danza del
vientre en las fiestas de cumpleaños en calle Winona,
preparó a Govinda —su hija de once—, a Mike de la misma cuadra y a
Jimmy de Pulaski Ave., en esa mezcla de danza del vientre con
kárate;

Behind them in the background a hot-dog vendor without colonial
attire, and the black man with the Bibles because *Gog and Magog*
shall come
feverish with whips to this valley of thieves and will spout fire upon the
imbeciles who sold out.
Let them come from where they will with their whips.

We don't know where the bird came from, the one that landed on
the head of the unknown sculler. Good photo:
tranquil bird, no sign of coming ruin, of the brick rust that corrodes
the hair as if it were the abandoned hulk of a ship.
Nor where it will go from these shores fluttering dark against the
stones of Lethe. We don't understand his song, his syrup.
What became of Garfield, I ask myself, the pigeon that won that race
in the summer of '32 from Ninth and Greene to Germantown Ave.?
Record time in times of hunger: 9 minutes 30 seconds. What became of
Garfield, his coded message?

And the dancing. The photos of the Erie Ave. troupe in the break-dance
competition;
Rikumina Spiritoso, who earned and lost her living belly dancing at
birthday parties on Winona St.,
trained Govinda, her eleven year old daughter, Mike from the same
block and Jimmy from Pulaski Ave., in that mixture of belly
dancing and karate;

Patty Murray, actriz de café concierto, puso la música, sus reptiles
que aparecen en mis sueños pelechando con locura plumas de
colores locos.
El flash los captó a todos en pleno breaking.

Pero nos quedamos tiesos, con la boca abierta sin aire en el aire
apestoso de Lehigh Ave. —rotundo campo de cupones—
frente a Mary La Belle cuando trató de bailar la danza del vientre y a
todas luces el culo movió con tremendo sabor tropical.
El edificio abandonado del fondo fue bodega de frutas hace 50 años;
allí los muchachos encontraron
las direcciones de cabritas viñateras en las cajas que traían las uvas de
California:
«Escríbeme, quiero trabajar en una fábrica y casarme contigo;
apareces en mis sueños.»
Nos quedamos tiesos, sin foto de Mary La Belle, sin bodega de frutas.

Y no me vas a creer: hace 50 años esa discoteque para negros que por
las noches chisporrotea en Erie Ave.
era la bodega de una fábrica de carruseles; Chernigliaro —recién
desembarcado y sin palabra de inglés—
labró sus dragones y caballos, ranas y perros y el gato-a-todo-dar con
su pescado en la boca.
Una fiesta de luces y espejos que es un soplo la vida, cuento de hadas

Patty Murray, coffee house actress, put the music on, those reptiles
of hers that appear in my dreams insanely shedding crazy-
colored feathers.
The flash caught them all in mid-breaking.

But we were all frozen stiff, with our breathless mouths open in the
stinking Lehigh Ave. air—emphatic field of coupons—
facing Mary La Belle when she tried to belly dance and her butt shook
for every eye with a wonderful tropical flavor.
The abandoned building in the background was a fruit store 50 years
ago; there the boys found
addresses of vineyard girls in the boxes that brought grapes from
California:
"Write me, I want to work in a factory and marry you; you appear in
my dreams."
We all froze, without a photo of Mary La Belle, without a fruit store.

And you won't believe me: 50 years ago that discotheque for blacks,
the one that gives off sparks all night on Erie Ave.,
was the storefront for a carrousel factory; Chernigliaro—fresh off the
boat without a word of English—
carved his dragons and horses, frogs and dogs and the running cat
with the fish in its mouth.
A party of lights and mirrors because life is a breeze, a tale of hot

calientes que se ocultan
entre los matorrales del Museo —enmarañada apareces en mi naipe,
flor de cortina y frufrú—
allí donde el chancho rosado de Cherni acaba de sorprendernos en la escalera que va de Exhibiciones Especiales a Historia de los Muebles Americanos.

fairies hiding
among the museum weeds—you appear entangled in my playing
card, a gorgeous curtain and swish—
there, where Cherni's pink pig has just surprised us, on the stairs
that leads from Special Exhibits to History of American
Furniture.

(BH)

Celofán

Jean Harlow sonrió diez veces para la foto y después: *Mi garganta es más importante que mi pelo,*
y ofreció el nuevo Luky Strike envuelto en celofán, ella misma ofreció sus piernas en las páginas de Life;
y *Déjenme mostrarles uno de los mejores modos de acarrear a un hombre que se está ahogando* en la propaganda de seguros Swimming and Life Savings.
Con esos ojos que Dios les había dado, los entendidos veían la gran ciudad, sus luces,
humitos de colores y hermosas muchachas, autos fugaces, toda la maravilla de golpe en Rhapsody in Blue.
Pero Gershwin mientras tomaba desayuno apenas veía unas gotas deshaciéndose en el asfalto, sobre el Packard del jardín.
Greta Garbo haciendo de Mata Hari y Marlene Dietrich en el Expreso a Shanghai, ponían de moda las piernas largas,
mi delgada rockette entraba en calor en Radio City, un brillito de centavos.

Depresión por años. El congreso acusaba a los banqueros, los banqueros a los apostadores, los apostadores a los políticos

Cellophane

Jean Harlow smiled ten times for the photo, and then: *My throat is*
more important than my hair,
and offered the new Lucky Strikes wrapped in cellophane, offered her
legs on pages of Life;
and *Let me show you one of the best ways to bring in a man who's*
drowning in the ad for Swimming and Life Savings insurance.
In those God-given eyes of hers, those in the know saw the big city,
its lights,
colored smoke swirls and gorgeous girls, fast cars, the complete
marvel simultaneously in Rhapsody in Blue.
But Gershwin, eating breakfast, ignored a few drops smashing onto
asphalt, on the Packard in the garden.
Greta Garbo as Mata Hari and Marlene Dietrich in Shanghai Express
made long legs fashionable,
my skinny rockette warming up in Radio City, the gleam of coins.

Depression years. Congress accused the bankers, the bankers the
speculators, the speculators the politicians
and the politicians the Treaty of Versailles or the advances of science
or the science of war which nobody imagined then like the First.

y éstos al tratado de Versalles o al avance de la la ciencia o a la ciencia de la guerra que nadie imaginó entonces como la Primera.

Y el Dr. W. K. Butts, biólogo que en su cruzada anti-beso le pidió a una alumna que presionara suavemente sus labios en esa gelatina.

—*Encontramos* —dijo— *el plato plagado de bacterias. En un acto solemne mostré el plato a mi clase.*

Y el gran mercado de la muerte: allá Krupp von Bohlen, y aquí no más Bethlehem y la pólvora de du Pont,

sus mujeres fotografiadas con rifles de mira telescópica, seriamente, con odio vivo contra las viejas escopetas, contra los trabucos de pobres salteadores de caminos.

Life, May, 1932: The Five-year Plan is a tremendous success in Russia, I'm going to live there.

Años difíciles. Toda la belleza en recortes de celofán iluminando el caleidoscopio,

mientras en la casa de remates se molía la vajilla y la cristalería a martillazos. Ruinas que fueron gloriosas.

Celofán para flores y chocolates, celofán para guantes y corbatas, el jabón.

And Dr. W. K. Butts, biologist of the anti-kiss crusade who asked a
student to press her lips softly into gelatin.
"*We find,*" he said, "*the plate covered with bacteria. With great
ceremony I showed the plate to my class.*"

And the great market of death: over there Krupp von Bohlen, and
right here Bethlehem and the Du Pont powder,
their women photographed holding rifles with telescopic sights,
seriously, burning with hate for shotguns, muskets of poor
highway robbers.
Life, May, 1932: The Five-Year Plan is a tremendous success in Russia,
I'm going to live there.
Hard years. All the beauty in cellophane clippings lighting up the
kaleidoscope,
while in bargain stores they pounded out crockery and crystal ware.
Ruins, glorious ruins.
Cellophane for flowers and chocolates, cellophane for gloves and
ties, soap.

(BH)

El río

The river is within us, the sea is all about us.

- T.S. Eliot

Los adoradores del aire y de la máquina olvidaron su río, el río que llevó un secreto de ángeles,
la cama de íncubos nadando y el fulgor boca arriba de súcubos con la candela al revés.
Y cuando el río abrió la certeza del mar cercano, entró al arco iris con soltura de rueda sin timón:
el Espíritu de St. Louis volaba lejos en un tiempo de jacintos empolvados.
Ahora corre por dentro el murmullo de la madeja que una anciana deslíe, balanceándose al sopor del verano,
mientras afuera el bramido del mar desparrama en la playa la ropa de extranjeros sin norte,
baratijas de vendedores viajeros, un zapato, el mismo zapato que en mayo estuvo allí,
un remo con mayúsculas de amor y su fecha carcomida, el corazón, su lezna.

Lanchones con olor a brea flotan de espaldas al río, el río con su lado verde,
—siempre la ribera de la vida tuvo colores serios— y su carpa de circo

The River

"The river is within us, the sea is all about us."

- T. S. Eliot

The worshippers of air and machines forgot their river, the river
    that bore an angelic secret,
the incubus-bed swimming along and the succubus-glow on its back
    with the taper backwards.
And when the river was sure the ocean was near, it flowed
    through the rainbow with the ease of a rudderless wheel:
The Spirit of St. Louis flew far away in a time of dusty hyacinths.
It is inside us now, the hum of the yarn unravelled by the old
    woman, rocking to the drowse of summer.
Outside the sea roars and sows the beach with the clothes of aimless
    foreigners,
trinkets of travelling salesmen, a shoe, the same shoe that was there
    in May,
an oar with the initials of love, the date worn away, the heart and its
    awl.

Barges that smell of tar float with their back to the river, the river
    with its green side
—the shore of life always did have serious colors—and its
    multi-colored circus tent,

multicolor,
sus acróbatas locos, su carga de negros que lloran cantando blues,
que cantan blues como llorando
con un fondo de música sin Dios, de vacas muertas que gimen
despacito rezando al azar.
—*No sé mucho acerca de dioses* —dijo la voz—, *pero el río se va sonando*
por las líneas de mi mano.
Nadie sabe lo que ellas en el calor quieren decir: este mismo arco
—tierra, aire, tierra—
no tiene más sentido que la primera efusión de Jennifer Porter, la niña
de los jacintos,
cuando después de la lluvia entró un pitazo de vapor como saliendo.

its crazy acrobats, its cargo of blacks who cry, singing blues, who sing
blues as though crying
to a background of godless music, of dead cows who sob ever so
slowly praying at random.
"I don't know much about gods," said the voice, *"but you can hear the
river in the lines of my palm."*
Nobody knows what those lines mean in the heat: this very arch
—earth, air, earth—
makes no more sense than the first effusion of Jennifer Porter, the
hyacinth girl,
when the steam whistled in and out after the rain.

(CM)

Esas campanas locas (1932)

—Prende le cose come vengono: la lluvia por ejemplo que cae sobre
esta fila sin trabajo, o la nieve que se nos viene. Non scherzare.
Apaña migajas, para fin de año todo el pan que quieras; en estas loterías
más vale un pájaro entumido que meterse en la escala de Jacob.
Ya perdimos la vida; cuidemos la voz y la paciencia, pase lo que pase o deje
de pasar.
Y en la cola, sin poner nombres ni números, los chismes, un cigarrillo,
soplar las manos, leer el Daily Worker.
Todos los fundamentos, los tijerales, la ramita.
Aquí hay cartas marcadas. ¿Quién corta el queso, comencemos
preguntando, quién corta el queso? Y por favor, no me toquen el
trébol del ojal.
Usted compañero que olisquea, que adivina genízaros desde el día anterior,
¿no ve por ahí a esos perros?
¿Cómo salimos, organizados, de este apuro? Que nadie muerda el polvo,
la carnada.

Con lujo los campanarios de Broadway dan las diez. Llegamos hasta
la marquesina del teatro; cada noche se ilumina el luto que le sienta
bien a Electra.

Those Crazy Bells (1932)

"Prende le cose come vengono: for example the rain falling on this jobless line or the snow that comes upon us. Non scherzare.
Save up crumbs; by year's end, all the bread you want; in lotteries like these a numb bird is better than climbing Jacob's ladder.
We've already lost our lives, let's care for the voice and for patience, no matter what happens or what doesn't.
In line, without naming or numbering, gossip, a smoke, warm the hands, read the Daily Worker.
All the basics, scissors, the little bough.
Some of these cards are marked. Who's in charge here?—let's start by asking who's in charge here? And please don't touch the cloverleaf on my lapel.
You there, sniffing friend, who can sense yesterday's janissaries, don't you see the dogs over there?
How do we organize and get out of this mess? Let no one bite the dust, the bait.

The bell towers of Broadway strike their luxurious ten. We reach the theater marquee; every night they light the mourning that becomes Electra.

Hace un par de inviernos apenas lucecitas verdes iluminaron el más
extraño interludio.
Por las noches bajan de sus autos muchachas de visón y boquilla,
mientras en la tramoya
el utilero mastica chicle al modo de Santa Anna cuando vivía en Staten
Island, su vecino del jardín.
Años difíciles, coristas de largas piernas por un brillito de centavos.
Temo terriblemente estar repitiendo la historia. No enloquecer como
Nadja cuando aseguró jurando que bajo sus pies
pasaba un subterráneo que venía del Palacio de Justicia, ensangrentado,
con unos miserables colgando de las barras.

Treintaidós campanadas gratis. Campanas locas.

A couple of winters ago, only little green lights shone on the strangest interlude.
At night, getting out of their cars, girls with their minks and cigarette holders, while backstage
the prop-man chews his gum the way Santa Anna did when he lived on Staten Island, his neighbor across the garden.
Hard times, long-legged chorus girls for the flash of a few cents.
I'm so afraid I'm telling the same story. Don't go mad like Nadja when she swore that under her feet
was a subway that ran from the Palace of Justice, smeared with blood, a few wretched souls hanging from the bars.

Thirty-two free strokes of the bell. Crazy bells."

(CM)

Cuando Fred Astaire entró en mi vida bailando, recordó Royko en el Daily News

El día que Astaire subió al cielo danzando como sólo podía el
muchacho más flaco de Nebraska, el nunca visto más flaco
muchacho de Nebraska,
no voló una sola paloma del Century City Hospital, los pajaritos de
Los Angeles lloraron por la radio y la viuda por la TV:
—Apenas le puse mi brazo al pecho, Fred se fue con la sonrisa de los
potrillos que galopan volando.
Noticia que nada dice del moribundo de Macy's cuando entró en la
muerte con la sonrisa de las frutas enlozadas,
y se fue por las vitrinas con alfileres de corbata y relojes de precisión:
el verano bailaba su viernes entre rostros pálidos en Aguas de
Nadie
a la manera de las mariposas que iban a volar a la salida del Congress
Theater.

Eran los tiempos en que cada muchacho tenía su Ginger Rogers entre
ceja y ceja, su espina para flor en la solapa
cantar y bailar por años un romance de película en incontables
salones vacíos, lejos de los hambrientos y la huelga de las medias
de seda.
Con lámparas y sillas sobre inmenso parqué de caoba, con chistera y

When Fred Astaire Danced Into My Life, Remembered Royko in The Daily News

The day Astaire rose dancing to heaven as could only the skinniest
    boy in Nebraska, the one and only skinniest boy in Nebraska,
not a pigeon stirred at Century City Hospital, the little birds of
    Los Angeles wept over the radio and his widow on TV:
"As soon as I lay my arm on his chest, Fred flew away smiling like a
    galloping colt."
The news doesn't mention the man dying at Macy's, gliding into
    death with a glazed-fruit smile
drifting through showcases of tie pins and precision watches:
    the summer dancing its Friday among pale faces in No Man's
    Waters
like the butterflies plying the exit of the Congress Theater.

These were times when every boy brooded on Ginger Rogers, a thorn
    not a flower in his lapel
sing and dance for years a movie romance in countless empty halls,
    far from the hungry and silk-stocking strikes.
With lamps and chairs over the endless mahogany parquet, with top
    hat and cane or was it wings Astaire did his tap dance
and that afternoon with a coat rack more supple than the waist of
    little Mary Lynch at her sweet sixteen party.

bastón lo mismo que alas iba zapateando Astaire;
y esa tarde con la percha más flexible que la cinturita de Mary Lynch
en su fiesta de quince.
Solos espectaculares contra las buenas costumbres por las paredes y
contra toda ley por el cielorraso;
en azoteas tocando las nubes, sin pestañear hacia el vértigo alto de
New York, o desde una cortina de fuegos mutables hasta los
visos del fin.

Como cuando cambió de pareja y se deslizó con Cyd Charisse por
Central Park y se fue volando
al ritmo del carruaje en que los enamorados se hacen humo, siempre
se hacen humo, debajo de la palabra Fin.

Pulso de magnesio: bebida de carey con mares de fondo en la mano
del espejo, y noche con cielo fulgurante en la otra;
la cuarta estrella quemaba sus pajaritos en el Battery y los reflectores
en juego cruzado a los ángeles de la bahía;
y en los muelles el brillo del hálito de novias que echan a Dios por la
boca y de ancianas al demonio por la boca
con el fuego de explosiones sin perdón desde piedras que hubiéramos
llorado en Alamogordo;
pulso a la manera de los puentes encantados en Tierras de Nadie
cuyas luces

Spectacular solos in the face of decency up the walls in the face of
gravity around the ceiling;
on terraces touching the clouds unblinking towards the high vertigo
of New York or out from a curtain of ever-changing fire till the
shimmering end.

As when he changed partners and slipped away with Cyd Charisse
through Central Park, flew away
to the clip-clop of the carriage where lovers turn to smoke, they
always turn to smoke, under THE END.

Magnesium pulse: tortoise-shell drink with unfathomed depths in
the hand holding the mirror, the night sky glowing in the other;
the fourth star burning its little birds in the Battery and crossed
floodlights burning the angels of the bay
and on the docks the satiny breath of brides who heave up God and
old women who heave up the devil
with the fire of unpardonable explosions from stones we would have
wailed in Alamogordo;
pulse like that of the enchanted bridges of No Man's Land, whose
lights
snapped at sleepwalking No Man's Waters back when we couldn't
imagine where they'd land.
I'm talking about '46, year of postwar weddings:

mordieron sonámbulas Aguas de Nadie cuando todavía no
imaginábamos adónde van a parar.
Hablo del 46, año de bodas después de la guerra:
—*Katherine* —le dije a mi novia cuando Olivier se me salió por la boca—,
los ángeles son como tú y tú eres como los ángeles.

Vivimos tiempo que no se compra, cabezas de fósforo que estallan en
el libro de las cuentas,
balas locas lo mismo que proverbios escritos entre el haber y el debe
en el libro de las cuentas,
en boquitas pintadas a la hora del aperitivo y en las orejas de confesores
ambulantes entre noches de insomnio,
proverbios en sienes pulidas de frente al zodíaco cuando Lisa y Kitty
se maquillan sentadas en la taza del baño, murmurando
al compás de una orquesta que tritura miserables pasitos de beguine y
van las luces una por una arrojando sus coronas al mar.

Hablo de flores. La espina del año brotó en el carmín de Ingrid
Bergman:
—*Madre, me casé con un agente secreto americano.*
Y la inocencia se fue para siempre del lavatorio, en las mismas aguas
que llevaron los primeros pelos, los primeros bailes. Hubo flores.
Porque apenas las mayúsculas de Astaire subían a la marquesina del
Congress Theater, saltábamos de potrillo,

"Katherine," I told my fiancée when Olivier came out of my mouth,
"the angels are like you and you are like the angels."

We lived time you can't buy, match heads that burst in account books,
crazy bullets and proverbs that nestle between credits and debits in
the ledgers,
in painted mouths at happy hour and in the ears of confessors who
stumble from one sleepless night to another,
proverbs on brows burnished before the zodiac with Lisa and Kitty
sitting on the toilet dabbing on their makeup, humming
to the beat of an orchestra that grinds out the mincing steps of
beguines and one by one the lights toss their crowns into the sea.

I'm talking about flowers. The thorn of the year blossomed in Ingrid
Bergman's lipstick:
"Mother, I have married an American secret agent."
And innocence left the lavatory forever, on waters that bore away the
first hairs, the first dances. There were flowers.
And no sooner had the capital letters of Astaire risen to the marquee
of the Congress Theater than we jumped like colts,
the crazy tooth of a long meeow, slicked down with water, with fire,
with love, with a little cat's paw in front of the mirror,
and whistling the routine of weekend shavers, we went down
elegantly in a vapor of flowers.

el diente loco de maullar relamidos la pose con agua, con fuego, con
amor, con una manito de gato frente al espejo.
Y silbando la rutina de los que se afeitan cada fin de semana,
bajábamos en un vapor de flores con elegancia.

Es decir, ese sábado en la tarde iríamos por Milwaukee Ave. al
reluciente Harding, o el domingo a la matiné por la sucia calle
Oak,
sonriendo y moviendo un bastón imaginario, con pasitos de baile y
cantando bajo la lluvia. Sean las aguas.
Siempre con elegancia bajo una lluvia de mentira volvimos por esas
calles de Dios hasta el fondo,
con mayúsculas a lo Fred Astaire, y la sonrisa de los potrillos que
galopan volando desde el Century City Hospital,
entre un silencio de cine vacío y la mariposa en la solapa volando
hasta el fin
cuando blanquea lo lienzo del fondo que nunca imaginamos.

What I mean: that Saturday afternoon, we would travel down
Milwaukee Avenue to the gleaming Harding, or Sunday to the
matinee down dirty Oak Street,
smiling and swinging an imaginary cane, with dance steps and
singing in the rain. Let there be rain.
Elegantly, always, in the artificial rain we took those god-given
streets right down to the bottom,
with capital letters a la Fred Astaire, and the smile of colts who fly
galloping from Century City Hospital,
amid the silence of an empty moviehouse, with a butterfly in the
lapel flying to the end
when the backdrop we never imagined goes white.

(CM)

Los testigos

Y usted me pregunta si fui testigo. Cuatro puntos cardinales y un solo concierto. Nada más.

Al amanecer fueron llegando al estadio —alegres, las orejas limpias, brincando— con sus bolsas, mochilas, cajas térmicas, plásticas.

Escucharían a Patti que voló desde Reno, a Tina que voló en la rodilla derecha de Mike, a Joan que a las 9:04 AM. voló por los 120 parlantes del estadio:

—Aquí tienen su Woodstock.

Y el sol comenzó a penetrar una inmensa telaraña, finísima. No sobrevolaron los jotes. No los vimos.

Y una ducha para defenderse del calor. Esto también lo vimos, ustedes en los cuatro puntos, yo aquí en Philadelphia, South Philly.

En el oeste están quemando negros.

Todo el día los dioses rodaron vía satélite, 12 satélites. *—Te comiste el pop-corn, Evelyn, fuiste la bella del pelo largo en la TV.*

Las últimas palomitas se quemaron, se pegaron en el fondo.

Y dejaste la olla chamuscada en la ventana. Y no apareces—.

Rock rodando en estado de shock.

Y se vino la noche. Ciegos quedamos frente a la TV. Los cascos

The Witnesses

And you ask me if I was a witness. Four cardinal points and just one
concert. No more.
At dawn they began to pour into the stadium—happy, clean behind
the ears, skipping—with their bags, backpacks, plastic coolers.
They were going to listen to Patty who flew in from Reno, to Tina
who flew on Mike's right knee, to Joan who flew through the
stadium's 120 speakers at 9:04 AM:
"Here it is, your own Woodstock."

And the sun began to pierce an immense, airy spider web. No
vultures hovered over head. We didn't see them.
And a shower to combat the heat. We saw that too, you at the four
points, me here in Philadelphia, South Philly.
They're burning blacks in the west.
All day the gods rolled via satellite, 12 satellites. —*You ate all the
popcorn, Evelyn, you were the T.V. beauty with the long hair.*
The last kernels burnt, stuck to the bottom.
*And you left the scorched pot in the window. And you're no where to be
found.*
Rock rolling in a state of shock.

guerreros en el estadio.

Con la tristeza de los corderos fatales que en silencio van pastando al silencio, así Willy y detrás Melanie,

ahora de la mano, borrachos y tristes saliendo del estadio. Eso no lo vieron en los cuatro puntos.

Con el pelo largo, larguísimo, y sin zapatos, ustedes no vieron a Melanie. *—Eso es: cómo te he llorado, Evelyn, en la olla que dejaste en la ventana, Evelyn, relumbrando al sol del verano—.*

A las 3:00 AM. el Depto. de Aseo hizo su entrada al estadio. Y eso, usted, mi amigo, no lo vio:

como tanques en guerra, así los camiones, sus escobas mecánicas, sus palas, sus grúas.

Y la escala telescópica *porque yo quiero ser el primero en ver el sol y levantarle su laurel.*

Era la basura que esperaba Toro Sentado como flor silvestre en el peldaño de su camión.

Desde la pala mecánica, El Volador De Abajo había visto banquetes peores.

Todo estaría limpio cuando llegaran los testigos.

Y a las 3:30 AM. las quinceañeras chillaban afuera del Palace Hotel, esperando a Simón Le Bon con pancartas: «Simón, quiero tener un baby tuyo.»

And night came on. We went blind in front of the TV. The army helmets in the stadium.
With the sadness of lambs ripe for slaughter who silently go on grazing on silence: Willy and behind him, Melanie,
now hand in hand, sad and drunk as they leave the stadium. You didn't see that from the four corners.
With her long, long hair, barefoot, you didn't see Melanie. —*That's it: I've cried so much for you, Evelyn, into the pot you left in the window, Evelyn, glinting in the summer sun.*

At 3:00 A.M. the Maintenance Dept. made its entrance into the stadium. And that, my friend, you did not see:
like tanks in a war: the trucks, their mechanical brooms, their shovels, their cranes.
And the telescoping ladder *because I want to be the first to see the sun and offer up its laurel.*
It was the trash that Sitting Bull was waiting for like a wild flower on the step of his truck.
Perched on the mechanical shovel, the Flyer From Below had seen worse banquets.
All would be clean when the witnesses arrived.

And at 3:30 A.M the sweet sixteen year olds squealing outside the Palace Hotel, waiting for Simon Le Bon with placards: "Simon, I want to have your baby."

En vivo y en directo, no más ese cartel de las cabeceras. Toda la noche hicieron guardia en el Palace.

Y no se sabe si Allison convenció a Lisa o viceversa: trajeron suficiente dinero para tomar un taxi y seguir a Simón a donde fuera, al báratro si necesario.

Le dirían al taxista: *Follow that limo. Follow that gorgeous man.* Se lo jugarían a cara o sello.

Y las gemelas de Germantown, Keisha y Kia Connelly —de 14— con sus pancartas: «Somos gemelas. Te amamos.»

Al amanecer El Que Silbó De Noche subió por la escalera telescópica a ver el sol —¿lo vieron ustedes?—; desarmaría el altar de los dioses que no bajaron del Olimpo,

apenas del avión, la limusina, y se montaron en el rock de los sueños, deshojándolo.

No quedaría huella tangible de las tablas de la ley, de la cuarta margarita, ni del juego de luces para el sacrificio, su banquete. En una semana no quedaría.

¿Quién vio a las dulces hermanitas que no eran, a las que vagabundearon toda la noche por el estadio, quién las vio?

Con el dinero que tenían para volver cayeron en el ocio y negocio de la venta y reventa.

Ahora esperaban que la fortuna las llevara en su carro: algún dinerito

Live and in person, not just the poster over the bed. They stood guard
at the Palace all night long.
And no one knows if Allison convinced Lisa or vice versa: they
brought enough money to take a taxi and follow Simon
wherever he went, to Hell if necessary.
They must have told the taxi driver: *Follow that limo. Follow that
gorgeous man.* They would flip for him, heads or tails.
And the twins from Germantown, Keisha and Kia Connelly—age 14—
with their placards: "We're twins. We love you."

At dawn He Who Whistled At Night climbed up the telescoping
ladder to see the sun—did you all see him?; he would take down
the altar of those gods that didn't come down from Olympus,
barely from the airplane, the limousine, that climbed up on the rock
of dreams, stripping it.
No tangible trace would remain, not of the table of the law, of the
fourth margarita, of the lights for the sacrifice, their banquet.
In a week not a trace.

Who saw the sweet sisters who weren't, the ones who wandered all
night through the stadium, who saw them?
With their return fare they fell into the leisure and venture of selling
and reselling.
Now they waited for fortune to take them in its car: a bit of cash

entre tanto desperdicio.

Sólo encontraron termos con jugo de naranja, de manzana, vodka, termos vacíos. Setenta y siete termos en fila, ordenados y peinaditos a las 9 de la mañana.

¿Quién vio a Nancy, quién vio a Dorinda del pelo largo *–cómo te he llorado en la ventana, Evelyn, relumbrando–* las que nunca regresaron a Raleigh, N.C.?

Con espíritu militar después de la batalla ordenaron los escombros.

Tres montes del gris al pardo entre las 2.000 luces del escenario: galones plásticos a la manera de cascos guerreros, cascos guerreros a la manera de bolsas de papel, bolsas de papel a la manera de mochilas destripadas, condecoraciones de latón.

Una brisa fuera de script –la ventolera del diablo– desparramó culebras, sus cascabeles en tiempo de engorda; y el aire apestoso hundió su cuchillo rebanando la nariz, el cogote.

Usted no vio ese revolar, ese remolino que fue espectáculo para nadie; afuera un estertor de papeles sobre la playa de cemento.

Ventolera del diablo.

Los primeros testigos llegaban desde los cuatro puntos. Alice llegó.

Que no haya vergüenza ni dolor, me dije, *porque Él dirá una sola palabra y tu alma será limpia, mi cuerpo robustecido, tu geranio gozoso.*

Y en la ventolera, el invisible ejército de mosquitos que por la noche

among so much waste.

All they found were thermoses with orange juice, apple juice, vodka, empty thermoses. Seventy-seven thermoses in a row, not a hair out of place, at nine in the morning.

Who saw Nancy, who saw Dorinda with her long hair—*I've cried so much for you in the window, Evelyn, glinting*—the ones who never returned to Raleigh, N.C.?

With an after-the-battle military attitude they ordered the rubble.

Three piles from grey to brown among the 2000 stage lights:

plastic gallon jugs for army helmets, army helmets for paper bags, paper bags for gutted backpacks, tin medals.

A breeze not in the script—the devil's breath—scattered snakes, their rattlers at fattening time; and the stinking air plunged in its knife, slicing at nose and nape.

You didn't see the swirling, that whirlwind show for no one; outside, a death rattle of papers along the concrete lot.

The devil's breath.

The first witnesses arrived from the four corners. Alice arrived.

There's no cause for shame or sorrow, I said to myself, *because He will utter a single word and your soul will be clean, my body renewed, your geranium full of joy.*

And in the wind, the invisible army of mosquitos that would suffer

tendría su derrota.
Lo que no sea incinerado será sepultado bajo extensas capas de cemento; y lo insepulto,
glorioso banquete será de cangrejos, peces y gaviotas. Ahí para zarpar, las barcazas en el mantel, esperando.
Alabadas sean las criaturas del grande océano.

Y en las noticias de la mañana (Canal 3), Sam Daniels, con las manos en la cintura, afirmó que estaba en el negocio más de diez años,
acostumbrado al mal de amor, al mal olor de frutas y carnes podridas, estaba con la basura al cuello y en la solapa una flor.
Susan Trimbles, de 31, fue testigo (mismo Canal). Caminaba pensativa por las graderías y de pronto alzó los brazos y desató sus heliotropos enloquecidos:
—*Feed the world. Miren esto: hay para alimentar un ejército*—. Las cámaras mostraron dos ejércitos. Los derrotados y los triunfadores.
Nadie entendió nada. Miren: una caja llena de naranjas y lagartijas.
Por la tarde, Susan levantó los brazos por segunda vez:
—*Aire, aire. Aire mío que estás en los cielos, ¿dónde está mi aire, qué hicieron con el aire?*

Animal pegajoso era el estadio. Bestia a la deriva. Entrábamos en la telaraña-padre como cuchillo en la margarina.

their defeat at night.
What isn't incinerated will be entombed beneath thick layers of cement; and the unburied
shall be a glorious banquet for the crabs, the fish and the gulls. Ready to set sail, the barges on the table cloth, waiting.
Praise be the creatures of the ocean wide.

And on the morning news (Channel 3), Sam Daniels, fingers tucked in his belt, stated he'd been in the business more than ten years,
used to bad luck in love, to rank fruit and rotten meat, up to his neck in trash with a flower in his lapel.
Susan Trimbles, 31, was a witness (same Channel). She trod pensively along the stands and suddenly threw up her arms and let loose with her crazy heliotropes:
"Feed the world. Look at this: there's enough to feed an army." The cameras showed two armies. The defeated and the triumphant.
Nobody understood anything. Look: a crate-full of oranges and lizards.
That afternoon Susan raised her arms a second time:
"Air, air. Sweet air of mine who art in heaven, where is my air, what have they done with the air?"

A sticky animal was the stadium. A drifting beast. We were entering the father of all spider webs like a knife through margarine.

Sandwiches medio comidos a escondidas —que no los vieran en los cuatro puntos vía satélite, vía 17 cámaras de TV, comiendo en honor de los hambreados—.
Frutas que aparecen en las pesadillas, botellas y tarros de cerveza trepando por el gehena, almohadas y sábanas ácidas, galletas trituradas, calcetines
—enumere usted, Whitman, enumere nomás, tengamos negocio—, zapatos, sombreros, camisas, camisetas
y coquetos calzoncitos con leyendas alusivas. Por ejemplo: «Yo sé que no es más que rock-n-roll, pero me gusta.»

El aire engordaba con el sol, se ponía espeso, peor, irrespirable, el peor río vaporoso que te lleva, te lleva sin remedio.
En la brisa los papeles desparramados, los tarros, los cintillos para el pelo, las papas fritas. Río vagaroso.
El viento no estaba programado. Pícnic miserable que rampa entre eructos.

Los testigos llegaron anunciando el tiempo, lo denunciaron. Apenas bajaron de sus autos, olieron y vieron que Dios no estaba. Se quejaron, allí mismo clamaron al cielo.
Bobby Williams, testigo cantante en los domingos de Dover, N.J., miró disgustado desde su auto. Entrando al estadio, ardió un cuarto de flores y tres cuartos de agua.

Sandwiches half-eaten on the sly—not to be seen from the four corners
via satellite, via 17 TV cameras eating in honor of the hungry.
Fruit that appears in nightmares, bottles and cans of beer traipsing
through Gehenna, acidic pillows and sheets, crushed crackers,
socks,
go ahead and list it, Whitman, just list it all, we'll make a deal—shoes,
hats, shirts, T-shirts
and flirtatious underwear with allusive captions. For example: "I
know it's just rock-n-roll but I like it."

The air fattened along with the sun, turned thick, worse, unbreatheable,
the worst of all vaporous rivers pulling you along, it pulls you away
inexorably.
In the breeze—the scattered papers, the cans, little hair bands, french
fries. A loafing river.
The wind had not been planned. Miserable picnic that ramps between
belches.

The witnesses arrived proclaiming the time, denouncing it. Scarcely
out of their cars, they smelled and saw God was not there. They
complained, they clamored to the sky right there.
Bobby Williams, singing witness on those Dover Sundays (N.J.), stared
from his car, disgusted. Entering the stadium, he burned one
quarter flowers and three quarters water;

—Ésta es la basura de Satán. Ellos no aman a Dios; éste es el signo del débil, porque Dios nos quiere limpios.

Y se alejó pateando bolsas de papel con su amigo Willy Denson de Newark, N.J., convencido del placer satánico del concierto.

No estuvieron allí por amor a Dios, sólo por placer, el cochino placer.

Ustedes tampoco vieron a Lue Della Powell —que vino de Trenton— sentada afuera del estadio, debajo de un árbol, leyendo su biblia.

Levantó los ojos al cielo y se puso de pie:

—Nosotros guardamos nuestra basura en nuestros bolsones, o en pequeñas bolsitas plásticas. ¿Ve?

Y balanceó en mis narices su bolsita con un cuesquito de ciruela, su cuesquito amoroso, dulcemente.

Esto vimos:

Día fasto fue bajo la ducha —Pilatos en el negocio—, locos bajo el sol nefasto que estuvo rodando sobre las cabezas,

el rock and roll todo el día en estado de shock. No sobrevolaron los jotes.

—Y el dirigible no fue el ojo de la maravilla sino el sol ciego en la ventana, esa olla

con la soledad de las autopistas y la tremenda tristeza de las autopistas. ¿Por dónde andarás, Evelyn?—

Misión cumplida tuvimos porque así estaba escrito: fin de fiesta vía

*"This is Satan's trash. They don't love God; this is the sign of the weak,
because God wants us clean."*
And he went off kicking paper bags with his friend Willy Denson
from Newark, N.J., convinced of the concert's satanic delights.
They weren't there for the love of God, just for pleasure, animal
pleasure.

You also didn't see Lue Della Powell—who came from Trenton—
seated outside the stadium beneath a tree, reading her Bible.
She raised her eyes toward the sky and got to her feet:
"We keep our trash in our pockets, or in little plastic bags. See?"
And she swung before my nose her little bag with a little plum pit, her
loving little plum pit, sweetly.

This we saw:
Lavish day beneath the shower—Pilate at work—, crazies beneath the
pernicious sun rolling over their heads,
rock and roll all day in a state of shock. No vultures hovered over
head.
*—And the dirigible was not a marvelous eye, just the blind morning sun in
the window, that pot*
*with the loneliness of highways and the tremendous sadness of highways.
Where are you wandering, Evelyn?*
Mission completed we were told, because it was written thus: end of

satélite, 12 satélites.

Todos de la mano para que nada cambie—usted los vio, yo los vi al cierre, fuimos testigos—,

cantando como un solo animal gordo con un laurel en el pelo, tal vez un perejil en la oreja. ¿Quién puede asegurarlo?

En el oeste, fuego le aplican a la mecha, pólvora en la boca de los negros.

party via satellite, 12 satellites.
Everyone hand in hand so nothing will change—you saw them, I saw
them at the close, we were witnesses,
singing like one fat animal with a laurel leaf in its hair, perhaps some
parsley in its ear. Who can confirm it?
In the west, fire is brought to the fuse, gun powder in the mouths of
blacks.

(BH)

Zapatos

Me dije:

«Largamente he permanecido mirando mis largas piernas y mis pies, el dedo gordo: lo extranjero y lo hostil comienza allí.»

Piernas colgando, balanceándose, y reflejada la planta del pie en el río, leyendo sus líneas, frente a Camden, N.J.

Y me dije también:

«Estarás borracha mirando mis zapatos vacíos para siempre.»

Y conté y reconté los zapatos de mi vida, los zapatos importantes de mi vida.

Eché al aire un silbido y después de un silencio para contemplar las aguas, para constatar que el silbido no fue reflejado por las aguas,

silbé nuevamente. Y fui engarzando frases con el vaivén de los pies al compás: bajo mi dedo gordo hay una muchacha, *she has just changed her ways,*

cantaron los Rolling Stones, rodando.

Se pregunta uno a dónde va. Lo inmediato: cruza el río, visita a Walt, vuelve a casa por el mismo puente.

Comenzaré la semana como lo que soy: el pajarero de las jaulas con el

Shoes

I murmured to myself:
"Long have I looked at my long legs, and my feet, the big toe: all
that's alien and hostile starts there."
Legs dangling, swinging, with my sole reflected in the river, reading
his lines, across from Camden, N.J.
And I also said to myself:
"You'll be drunk, woman, looking at my empty shoes, empty forever."

And I counted and recounted the shoes of my life, the important
shoes of my life.
I whistled into the air, and after a moment of silence to contemplate
the water, to be sure the whistle wasn't mirrored by the water,
I whistled again. And I went on weaving phrases through the back
and forth rhythm of my feet: under my thumb there's a girl, *she
has just changed her ways,*
sang the Rolling Stones, rolling.

Wondering where I'm headed. Immediate goal: cross the river, a visit
with Walt, home over the same bridge.
I'll begin the week as what I am: the keeper of the cages filled with
the secret song of a few birds no one listens to. Walking.

canto secreto de unos pájaros que nadie escucha. Caminando.

En otras palabras: cuando el león entra en la jaula de los cangrejos, el futuro pinta tan dudoso como el presente.

Zapatos más, zapatos menos, recontándolos va uno haciendo la maleta.

¿Estaremos quizás celebrando la semana del zapato, ciegos frente a los días que vendrán, si es que vienen?

¿Y quién le dará cuerda a la estrella del norte, si es que hablamos de amor?

Perdidos frente al espejo, es decir el río, mirando lo que dejamos atrás, la mala estrella.

Eso fue lo que vieron dos borrachos como en los cuentos chinos, una cajita dentro de otra:

borrachos en Amtrak desde Montreal, cuando Leandro se vio prisionero en los reflejos del zapato de Gonzalo.

—Me siento más liviano caminando con dos espejos en los pies, volando.

Y frente al río, New York entró al tren y concentró sus luces en la punta del zapato izquierdo de Gonzalo.

¿Era señal favorable de los dioses en el umbral de las tinieblas, era la señal formidable?

La presencia de unos jueces con uniformes macabros, ¿era indicio del pasado al que apostamos y perdimos?

In other words: when the lion enters the crab cage, the future looks
as dubious as the present.
A few shoes more, a few less; recounting them we pack our bags.
Could it be we're celebrating the Week of the Shoe, blind to the days
to come, if they come?
And who will wind up the north star, if it's love we're speaking of?
Lost before the mirror, that is, the river, gazing at what we leave
behind, the ill-fated star.

That's what two drunks saw, as in the Chinese stories, one box inside
another:
drunk since Montreal, on Amtrak, when Leandro saw his face
imprisoned in the reflection on Gonzalo's shoe.
"I feel lighter walking with two mirrors on my feet, flying."
And facing the river, New York streamed into the train and focused
its lights on the tip of Gonzalo's left shoe.
Was it a favorable sign from the gods on the threshold of darkness,
the splendid sign?
The presence of judges in macabre uniforms, was that a vestige of the
past we placed money on and lost?
Simulacrum of the eyes' walk along the tightrope, where this sea is
another and cursed waters caress you with grace, water-lilies,
forgiveness.

Simulacro del maromero de los ojos, donde este mar es otro mar, y donde las aguas condenadas te rozan con la gracia, los nenúfares, el perdón.

Con el lenguaje de los gestos cuando preguntamos por qué a mi, en los sueños, cuando es hora de morir, y brilla un aleteo de remos en aguas oscuras.

Tensos meses tuve mirándome en la ventana, la pecera, con la lienza de pescar ensartada en el corazón, la campana de quién la tocaría.

Y estos mocasines todavía los tengo, desde la tarde que salí del hospital con la cicatriz en el lomo que decía: «Todo se ha consumado.»

—*Camine* —me dijo Humberto—, *camine mucho. Le hará bien.*

Y cuando pasaba por Newark, N.J. rumbo a Philadelphia, PA. entre inmensas fábricas, usinas y humo envolviendo la telaraña de cables,

bajé la vista y contemplé largamente mis mocasines con la paciencia que nunca ningún novio tuvo antes de casarse. Ni la tendría por siglos.

Como viudo reciente antes del desayuno he permanecido mirando mis mocasines.

Me refiero a cicatrices curtidas al sol; por las noches brillan locuras inéditas, perdidas: un incendio de mapas de carreteras.

With the language of gestures when we ask 'why me?,' in dreams,
when it's time to die and a winging of oars gleams through dark waters.

Months of tension I endured, staring at myself in the window, in the aquarium, the fishing line tangled in my heart, a bell for whomever would ring it.
And I still have these moccasins, since that afternoon I left the hospital with the scar on my shoulder that said: "All is consummated."
"Walk," Humberto told me, *"walk a lot. It'll do you good."*
And when I passed through Newark, N.J., en route to Philadelphia, PA., between immense factories, power plants, and smoke enveloping the spider web of cables,
I lowered my gaze and meditated upon my moccasins for a long moment, with a patience no bride groom ever had before a wedding. Nor will for centuries.
Like a recent widower, before breakfast, I stared at my moccasins.

I'm referring to scars tanned in the sun; at night unheard of lunacies glow, lost: a mound of highway maps on fire.
I unsheathed my feet and sniffed the leather of my moccasins, scenting the air with the aroma of the tannery that used to be on Calle Guillermo Gallardo, for example.

Desenvainé mis pies y estuve olfateando el cuero de mis mocasines, olorosando el aire con el aroma de la curtiembre que había en la calle Guillermo Gallardo, por ejemplo.

Por esa calle vi una noche un buque de arte, desplegando mil luces de colores como llaves y música del otro mar, el grande amor.

Mi cabeza iba por la manga del mago, con el pelo volcán tornasol; era el iluminado de las aguas.

¿Te acuerdas, Javier, muerto ayer nomás cuando recién saboreabas las primeras palabras de amor que así de golpe fueron las últimas?

Vimos el velero loco, el barco de las mil llaves delirantes.

¿Te acuerdas, Javier, cuando *todo eran grandes voces?** Con un cuchillo había escrito: «Espinazo mío te me vas.»

Jorge, ¿te acuerdas? Hablábamos del mundo en las horas aciagas del mundo.

De otro mundo hablaríamos en New York, de la basura hurgando en la basura, hambrientos.

Y Jutka caminando en el borde sonámbulo del abismo, chocando y contrachocando en la jaula de los espejos, borracha en el barril del amor, con un carrusel de luces en la cabeza:

—No. Esas botas te servirán mucho, Jorge. Para cuando entres en Managua.

Down that street one night I saw a ship of art, unfurling a thousand
colored lights like keys and music from that other sea, the great
love.
My head startled out of the magician's sleeve, my hair volcano-
iridescent. I was the illuminati of those waters.
Do you remember, Javier, dead since only yesterday, having just tasted
your first syllables of love which suddenly were your last?
We saw the crazy sailing ship, the boat of the thousand delirious keys.
Do you remember Javier when *all was an uproar of voices?** I'd
written with a knife: "Backbone of mine you're almost gone."

Jorge, remember? We talked about the world in its hour of evil.
We'd speak about another world in New York, about trash, poking
through trash, with pits in our stomachs.
And Jutka, wandering along the sleep-walking edge of the chasm,
colliding and re-colliding in the cage of mirrors, drunk in the
barrel of love, with a carousel of lights in her head:
*"No. Those boots will serve you well, Jorge. For when you enter
Managua."*
And you, the one who gave them to me, sewn by hand, Costa Rican
leather.
For hours we read the names of the dead and of the living, a lens to
the photos, the day they marched into Managua.

Y tú que me las regalabas, cosidas a mano, cuero de Costa Rica.
Estuvimos leyendo nombres de muertos y de vivos, con lupa las fotos, el día que entraron a Managua.
Y me quedé con estas botas que nunca han entrado a ninguna parte, como si hubieran estado caminando en redondo.

Y después fuiste a Granada. A palos le molieron el lomo a la pobre Granada. Caminaste por su lomo.
¿Qué hace este hombre abrazado a las flores, de espaldas al cielo, de verdad a las flores?
Delenda est Cartago, pensó Henningsen, comiéndose unos a otros en acre catedral, y antes de arrancar como rata de un incendio,
clavó un letrero entre tizones: «Aquí fue Granada.»
Ratas de la irrisión.

Como la ceremonia de juramento a la bandera de la República Independiente de Sonora, el 28 de los corrientes,
con honores militares y horrores militares bajo un arco de florecitas de papel, viento levantando polvo,
y con alemanes y con húngaros tocando marchas en acordeones y violines, con armónicas de pistoleros.
Hambrientos, en harapos, y William Walker —el presidente de la República de Sonora— con una bota en un pie, y en el otro un zapato.

And I was left with these boots that never marched into anywhere, as
if they'd been walking in circles.

And later you went to Granada. They pounded poor Granada's back
with sticks. You walked along its back.
What's that man doing, hugging the flowers, back to the sky, truly
hugging those flowers?
Delenda est Cartago, Henningsen thought, as they devoured each
other in vaulting bitterness. Before he lit out of there like a rat
from a fire
he nailed a sign between burning brands: "This was Granada."
Rats of derision.

Like the ceremony of allegiance to the flag of the Independent
Republic of Sonora, on the 28th of the present month,
with military honors and horrors below an arch of paper flowers, a
breeze kicking up dust,
with Germans and Hungarians playing marches on accordions and
violins, with harmonicas worthy of gunslingers.
Hungry, ragged, and William Walker —the president of the Republic
of Sonora— with a boot on one foot, a shoe on the other.
And biting at his heels, Meléndrez: he wanted them dead, they
wouldn't just take off north. Thieves.
33 survivors of fame —only 33— made it across the border, and

Y pisándole los talones, Meléndrez: los quería matar, no arrancarían hacia el norte así nomás. Ladrones.
33 sobrevivientes de la fama —sólo 33— lograron cruzar la frontera,
y se abrazaron y rieron con las tropas del Mayor McKinstry como verdaderos hermanos.
Y Walker —Willy, hijo dilecto de estas universidades— con una bota y un zapato. Ratas de la irrisión.

Esto quería decirle, Walt.
A veces vaqueros perdidos pasan por Cocupa y encuentran huesos relumbrando, un colt relumbrando al lado, y unas suelas y badanas de zapatos, hebillas de botas;
otras veces, huesos de caballos y herraduras, sin túmulo ni olvido que metan bajo tierra, relumbrando.
Nada más que imágenes de gente liviana, generaciones con tatuajes que hiciéronse polvo. No importan sus nombres.
Filibustero. De «freebooter,» dice el diccionario.
Ladrones: una bota en un pie, y en el otro un zapato.

* Pablo Neruda

hugged each other, laughing with Major McKinstry's troops as if
long lost brothers.
And Walker —Willy, favorite son of these universities— wearing one
boot, one shoe. Rats of derision.

I wanted to tell you this, Walt.
Lost cowboys sometimes pass through Cocupa, find gleaming bones,
a gleaming colt nearby, and a few soles and tongues of shoes,
boot buckles;
other times, horse bones, horse shoes, without a barrow or oblivion
to bury them, gleaming.
Just images of frivolous people, tattooed generations that turned to
dust. Their names are not important.
Filibuster. From "freebooter," according to the dictionary.
Thieves: a boot on one foot, a shoe on the other.

(BH)

*Pablo Neruda

La vida pública de las palomas en Manhattan

Palumba de los ojos pulidos como soñados.
Columba voladora en Wall Street y a veces viajera del ferry.
Paloma con miedo a la nube, al rayo, al aire, al campanazo que esparce pistilo.
Paloma del 30, perseguida hasta el cementerio de St. Paul's, donde por fin comió al mediodía.
Paloma comiendo a hurtadillas en los basurales de la calle C.
Paloma sábana de la cama de anoche, latiendo al sol que entra por esta ventana.
Paloma que se fue por la carretera 91.
Paloma que no vuela, simplemente no vuela.
Paloma brava con una flor silvestre en la pechuga, peleadora del Madison Square Garden.
Paloma prisionera de los rascacielos, paloma sin casa.
Paloma de la diadema como que no quiere en Grand Central, pero sí en los Cloisters.
Paloma del Senegal, lomo verdoso, lomo ceniza, lomo lamido.
Paloma de piernas cortas, con doce plumas timoneras en Central Park.
Paloma del circo romano con nombres de muertos a los cuatro, cinco puntos cardinales.

The Public Life of Manhattan Pigeons

Palumba with eyes as smooth as dream.
Columba flying on Wall Street, a sometime passenger on the ferry.
Pigeon afraid of the cloud, lightning, air, the bellstroke blowing its
    pistil.
Pigeon of 1930, chased to St. Paul's Cemetery, where at noon she
    finally got something to eat.
Pigeon filching garbage on C Street.
Pigeon of last night's bed sheets, pulsing in the sunlight that comes
    through this very window.
Pigeon that took off down highway 91.
Pigeon that doesn't fly, that simply doesn't fly.
Angry pigeon, wildflower on its breast, boxing at Madison Square
    Garden.
Pigeon prisoner of skyscrapers, homeless pigeon.
Pigeon with a diadem, doesn't want to do it in Grand Central, only at
    the Cloisters.
Senegal pigeon, green side, ashen side, licked side.
Short-legged pigeon with twelve tail feathers in Central Park.
Pigeon of the Circus Maximus, with deaths in all four, all five
    directions.
Glamour pigeon in the oil slick of Broadway, who doesn't know it is

Paloma con glamur en el aceite de Broadway, y no sabe que va a morir.
Paloma con la toca pesada en las sienes y el pensamiento oculto bajo
la toca.
Paloma del silencio hacia la tarde de Tompkins Square, con cupones
de comida bajo el ala.
Paloma del moribundo a la hora del té con pan remojado y *el té era*
*del mismo color de su sonrisa.**
Paloma zurita de metales azules en el Battery.
Paloma con puñal apacible en esta liga, y papeles de lotería en la otra.
Paloma cimitarra cortando las antenas de TV.
Paloma calzada con nubes en el tarso.
Paloma de nubes en la cabeza, duenda de Guinea, con plumas de
arena bajo el sol.
Paloma picante puertas afuera, palomita puertas adentro.
Paloma leche de ángeles cuando dan las diez en Washington Square.
Paloma pecho de monja, Die Tauben, mein Gott.
Paloma apuñalada en las Filipinas, cruentata en el corazón.
Paloma torcaz, pecho rojo, cuello verde, pico azul, paloma bandera
del Harlem.
Paloma espuma de mar sucio saliendo del Hudson con lágrima Deep
River despacito, sin Dios.
Paloma de seda damasquina, florentina, solferina, paloma jacinto,
paloma jacobina.
Paloma conjuro.

going to die.

Pigeon with a heavy veil on its temples, thought hidden under the veil.

Silent pigeon towards afternoon in Tompkins Square, food stamps under its wing.

Pigeon of the man dying at tea time, with his sop of bread and *the tea was the same color as his smile.* *

Rock pigeon, metal-blue in the Battery.

Pigeon with a sweet dagger in one garter and lottery tickets in the other.

Scimitar-pigeon cutting the TV antennas.

Pigeon with its tarsi laced in clouds.

Pigeon with clouds on its head, Guinea pigeon with feathers of sand in the sun.

Pigeon pecking outdoors, little pigeon indoors.

Pigeon milk of angels when the clock strikes ten in Washington Square.

Nun-breasted pigeon, Die Tauben, mein Gott.

Pigeon stabbed in the Philippines, with bloodied heart.

Wood pigeon, redbreasted, green necked, blue beaked, pigeon flag of Harlem.

Pigeon dirty ocean-spray coming out of the Hudson wailing Deep River slowly, god-forsaken.

Pigeon in silk—damask, solferine, Florentine—hyacinth pigeon, Jacobin pigeon.

Pigeon of incantation.

Paloma de la escala contra incendios el seis de agosto por la mañana.
Paloma que aletea en el caos del creador, paloma de Times Square.
Paloma yelmo a los pies del loco de abril.
Paloma sentenciada que gira y se hunde en el aire de Union Square,
azul paloma pasajera de Librería Crusader.
Paloma asesinada en la carnicería de Fenimore Cooper.
Paloma lámpara de acetileno con 25 centavos en los bolsillos.
Paloma cazadora, destripadora, paloma del vuelo pirata en la 42.
Paloma indocumentada bajo la lluvia, sin nada que decir por ahora,
tal vez mañana.
Paloma huevo de abalorio veneciano S. XV.
Paloma porcelana en primavera pidiendo que la miren de frente y de
perfil.
Paloma que odia la visión del sonámbulo entrando al paraíso.
Paloma de Salomón hincado, cantando su canto frente a la cama.
Paloma lechecita murmullo inmemorial de muchacha calentita en
invierno.
*Paloma de poco juicio, déjala que arrulle con sus estampas colgadas al
cuello, déjala.***
Columba, ¿dove vai? Paloma que te llamo The Nectar Connection.
Es decir,
Paloma con mucho de paloma, y su resto, símbolo de la paz.

*Rosamel del Valle
**Humberto Díaz Casanueva

Pigeon on the fire escape the morning of August 6.
Pigeon beating in the chaos of the creator, Times Square pigeon.
Helmet pigeon at the feet of the April fool.
Sentenced pigeon that wheels and dives in the air of Union Square,
    blue passenger pigeon of the Crusader Bookstore.
Pigeon murdered in the Fenimore Cooper butcher shop.
Gaslight pigeon, 25 cents in the pocket.
Hunting pigeon, the ripper, the skyjacker of 42nd Street.
Refugee pigeon in the rain, with nothing to say at the moment,
    maybe tomorrow.
Pigeon beads of Venetian glass, 15th century.
Porcelain pigeon in spring asking to be looked at face on and from
    the side.
Pigeon that hates the vision of the sleepwalker entering paradise.
Pigeon of Solomon on his knees, singing his song beside the bed.
Pigeon of milk the timeless murmur of a warm little girl in winter.
Pigeon with no common sense, let's just let him coo with his silly
    scapular, just let him coo. **
Columba, dove vai? Pigeon that I call The Nectar Connection.
I mean
Pigeon that is almost all pigeon, the rest a symbol of peace.

(CM)

*Rosamel del Valle
**Humberto Díaz Casanueva

El circo

No estoy en la biblioteca de Yale, esa catedral construida con la orgía del 30, al modo gótico de New Haven,
nave central románica, pabellones tudor, sala colonial americana, salas renacentistas con arcos gótico italiano,
palacio isabelino con muchacha semipétalos, semitechos medievales y muebles jacobinos. Gran locura.
Pero desde aquí veo al circo, desde la biblioteca Van Pelt, frente a Franklin que preside con un pájaro en la cabeza.
Aquí lo chato hace su agosto, funcional como una fábrica de botones. Gran cuadratura.
Para muestra, ese botón partido que podría ser una casa de campo en la luna, si otro viento soplara.

El malabarista que lanza al aire tres palos, despreocupado frente a Fine Arts, la muchacha —Katty se llama— que le baila a Franklin sentado en su bronce, y el equilibrista en su monocicleta,
tal vez no se conocen, pero actúan orquestados por ese corazón de zorzal.
Registro cada uno de sus movimientos con un ruidito de doctores, su ley en la cabeza del pájaro.
Los une el silencio de este lado del ventanal, el silencio que contiene

The Circus

I am not in the Yale library, that cathedral built in the orgy of the '30s,
New Haven Gothic.
Romanic central nave, Tudor pavilions, Colonial room, Renaissance
rooms with Italian Gothic arches,
Isabelline palace complete with semi-petalled girl, medieval half-
rooms and Jacobin furniture. What madness.
But I can see the circus from here, from Van Pelt Library, facing
Franklin who presides with a pigeon on his head.
Squat and blocky is the theme here, functional as a button factory.
Grand squaring.
As proof, that cracked button which could be a summer house on the
moon were another wind to blow.

The juggler who tosses three sticks in the air, nonchalant in front of
Fine Arts, the girl—her name is Kathy—dancing for Franklin
seated in his bronze, and the balancing act on his unicycle—
they may not know each other but they perform in synchrony,
orchestrated by the heart of that robin.
With a doctor's murmur I note each movement, their law hidden in
the bird's head.
They're linked by the silence on this side of the window, silence that

un cabello de ángel luminoso: un rayito de sol les da sentido.
Buscan la rueda y el rubí, la perfección y el dominio que crece
cuando el ocio se transforma en negocio.
De eso se trata: se preparan para entrar en el negocio, el vozarrón
más grande del mundo anuncia el más sorprendente, el más
escalofriante, el más estupendo show de la tierra.

Todo comenzó en La Florida, cuando Ponce de León buscaba la Fuente
de la Juventud y la Felicidad.
Las fronteras del paraíso se movían más allá de los montes Alleghenies,
más allá del Mississipi, más allá de Rocky Mountains.
En estas costas atlánticas por un par de cominos pudimos ver a los
animales que antecedieron al circo:
1716: Un león de Barbaria en Boston.
1781: Pájaros, serpientes y culebras en Philadelphia.
1818: En New York, el elefante Columbus, dos camellos, dos antílopes.

Desde entonces, en todo circo que se precie, los animales van adelante.
Así entró el primer circo americano a Philadelphia,
y esta Philadelphia entró a lo sorprendente, lo colosal, la maravilla:
Thomas Pole levantó el espectáculo con sus percherones
amaestrados, detrás un payaso, dos o tres músicos y fuegos
artificiales.
Y el primer circo extranjero en estos estados: Espectáculo de La
Romanita que partió desde México a entretener a los pioneros

holds a hair from a luminous angel: a beam of light gives them meaning.

They search for the wheel and the ruby, perfection and control that develops when leisure turns to business.

That's what it's about: they're preparing to go into business. The loudest voice on earth announces the most surprising, the most spine-tingling, most incredible show on earth.

It all began in Florida, when Ponce de Leon went looking for the Fountain of Youth and Felicity.

The frontiers of paradise were pushed back over the Alleghenies, beyond the Mississippi, beyond the Rocky Mountains.

On these Atlantic shores, for a few bits, we could wonder at the animals that foreshadowed the circus:

1716: A Barbary lion in Boston.

1781: Birds, vipers and snakes in Philadelphia.

1818: In New York, the elephant Columbus, two camels, two antelope.

Since then, the animals lead the parade in any circus worth its salt. Thus the first American circus entered Philadelphia,

and Philadelphia entered a land of surprise, of the colossal, of wonder: Thomas Pole started the show with his trained Percherons, a clown trailing behind, a couple of musicians and fireworks.

And the first foreign circus in the states: Espectáculo de La Romanita which left Mexico to entertain pioneers in Tucson, Arizona.

de Tucson, AZ.

Un payaso vestido de mujer, cuatro saltadores que brincaron sobre cuatro caballos. Y para terminar La Romanita bailó un minueto de corte.

La caravana durmió en las afueras. Después los echaron.

1830: Circo completo en Detroit. El circo se mueve y crece con los caminos como lagarto al sol fascinado por una música de negros.

1851: El circo crece y se mueve como el sol en el lomo de los ríos. Palacio flotante con todo tipo de animales, construido en Cincinnati para arder —los que no murieron lanzando llamas, murieron ahogados— en New Albany en 1865.

Lo demás es historia sabida.

Espectáculo nativo fue Buffalo Bill —en la cabeza pelo canoso, en los pies botas de vaquero con incrustaciones de plata—

y sus seis indios sioux (a veces cheyenes) descalzos y con plumas de águila en la cabeza.

Malabarismos con hachas de guerra, con el lazo de los anillos en el aire —por allí pasaron los caballos, los indios— y anillos en el suelo a las patas al galope.

Pipa de la paz, secuestro de doncella india, grito de guerra con hachazos, flechazos, disparos y tortura en la parrilla;

emboscada, lucha mano a mano, gran humareda. Aplausos. Cada paloma con su palomo, los indios a sus carpas.

A clown dressed like a woman, four gymnasts that bounced around
on horses. And for the finale La Romanita danced a courtly
minuet.
The caravan slept on the outskirts. Then they were run off.

1830: Complete circus in Detroit. The circus moves and grows with
the roads like a lizard in the sun, entranced by a negro spiritual.
1851: The circus grows and moves like sun on backs of rivers. A
floating palace with every kind of animal, built in Cincinnati
and burnt—those who didn't die in a halo of flames died by
drowning—New Albany, 1865.
The rest is common knowledge.

A homegrown phenomenon, that was Buffalo Bill—gray hair on his
head, on his feet cowboy boots with silver trim—
and his six Sioux Indians (sometimes Cheyenne) barefoot, eagle
feathers on their heads.
Juggling war hatchets, with the lasso circling in the air—the horses
passed through it, the Indians—and circling along the ground by
the galloping hooves.
Peace pipe, the kidnapping of the Indian maid, war whoop with
hatchets flying, arrows flying, pistol shots and torture over fire;
ambush, hand to hand combat, dense pall of smoke. Applause. Every
Jill with her Jack, the Indians off to their tents.

Llegó la época de los trenes. Veinte vagones con el espectáculo más
grande del mundo corrieron y recorrieron estos estados.
Torre de Babel bajo el lenguaje de la carpa: tigres de Bengala, elefantes
de India, caballos de allá y camellos de más allá;
acróbatas chinos, jinetes españoles, malabaristas italianos,
trapecistas húngaros, familias completas de equilibristas
suicidas que fueron cayendo como ciruelas.
El último Wallenda cayó en Puerto Rico.

Y los payasos que están saludando al lado del camino antes de llegar
al paraíso, anunciándolo con una mariposa en la rodilla y un
paraguas multicolor.
El payaso pensador melancólico con su mundo pintarrajeado y sin
arrugas sobre el antebrazo, casi la muñeca.
El simplón sorprendido, con la boca en O sangriento y los ojos en U
de página en blanco, sin memoria.

El vagabundo arrogante con la nariz empingorotada que por la
mañana agrega un parche chillón a su chaqueta y por la tarde
entra fachoso a la pista pateando el aserrín.
Saben que no tiene gracia caminar sobre las aguas por la cruz que les
espera,
como podría Lou Jacobs con sus chalupas hechas en Rochester, N.Y.
por un zapatero cuyo oficio fue calzar y recalzar a los payasos de
toda la unión americana.

The time of trains arrived. Twenty wagons with the greatest show on earth crisscrossed these states.
Tower of Babel beneath the language of the Big Top: Bengal tigers, Indian elephants, horses from afar and camels from even further;
Chinese acrobats, Spanish riders, Italian jugglers, Hungarian trapeze artists, entire families of equilibrists that fell one by one like plums.
The last Wallenda fell in Puerto Rico.

And the clowns that wave by the side of the road before you get to Paradise, proclaiming it with a butterfly on their knees and their umbrella of many colors.
Melancholy thinker clown with his daubed and unwrinkled world resting on his forearm, close to his wrist.
Surprised simpleton, with his mouth in a bloody O and his eyes in blank-page U's, amnesiac.

Arrogant vagabond with his nose in the air, who sews a bright patch on his jacket in the morning and enters the ring that evening, bragging and kicking at the sawdust.
They know it's no fun to walk on water, for the cross awaits them,
as Lou Jacobs would with his boat shoes made in Rochester, N.Y., by a cobbler whose calling was to shoe and re-shoe every clown in the union.
The clowns that proclaim a nonexistent paradise, and when they age

Los payasos que anuncian un paraíso inexistente, y cuando envejecen
sabemos que el circo perdura,
y sabemos que es perdurable cuando un trapecista cae y el circo sigue
rodando como un anillo lleno de magia: la rueda y el rubí.
Lou nos toma de la mano y nos muestra los falsos resplandores de
arreos y lentejuelas.
No hay lástima, no hay fastidio, no hay orgullo ni vergüenza.

Sólo descaro hay cuando el enano y el gigante, la mujer barbuda y el
gordo más gordo hacen la pesadilla lateral de lo deforme y la risa
grotesca.
Ilustración de cómo Phineas Barnum hizo su América con el enano
Tom Thumb —la verdad, el enano también hizo la suya—
y su contrapartida el elefante Jumbo que desde entonces significa
desmesura.
Lo descomunal sentó Plaza en Fort Wayne, IND. en un día del 28
como hoy. Gran Espectáculo Gran:
la convención de los cien payasos más payasos traídos de todo el
mundo.
Sería para morirse de risa cuando era tan fácil morirse de hambre.

Años de meterse en la jungla del tren y mostrarse por un brillito de
centavos.
El tren de costa a costa donde está permitido enviar un saludo de
cumpleaños por Western Union, una y otra vez.

we know the circus goes on,
and we know it goes on when a trapeze artist falls and the circus goes
on rolling like a ring full of magic: the ruby and the wheel.
Lou grabs our hands and shows us false splendors of costumes and
sequins.
There's no hurt, no irritation, no pride nor shame.

There's only insolence when the dwarf and the giant, the bearded
woman and the fattest fat man do the sideways nightmare of all
monstrosities, all grotesque laughter.
Illustration of how Phineas Barnum made his own America with the
dwarf Tom Thumb—actually, the dwarf made his own as well—
and his sidekick the elephant Jumbo, which ever since has meant
enormity.
The out of the ordinary took up residence in Fort Wayne, IND. one
28th of the month like today. Greatest of the Great Shows:
the convention of the hundred most clownish clowns from around
the world.
You could die laughing, when it was so easy to die from hunger.

Years of climbing into the jungle of the train and exhibiting yourself
for a couple of cents.
The coast to coast train where they let you send a birthday greeting
Western Union, again and again.
When a clown gets old or a trapeze artist falls we know the show goes

Cuando envejece un payaso o cae un trapecista sabemos que el circo perdura —ya no en carpas—
en grande edificios: el Madison o el Spectrum.

Y de tanto repetir el mismo acto dos y tres veces al día, león y domador en la jaula han sido amaestrados por algún dios me libre.
Y mueren de vejez, uno en los brazos del otro. Les sobrevive la silla vienesa con rasguños de las garras y los colmillos carnívoros.
Como a los gorilas del Ringling Bros., Gargantúa y Toto, que los casaron y recasaron por publicidad —Gran Boda Gran— y les sobreviven los anillos de matrimonio.

O como a Lillian Leitzel —el ángel gracioso y perfecto del aire— le sobrevivió un anillo de metal roto.
Ella no sabía caer, pensó que nunca caería. El anillo de fierro cedió.
Esa noche de febrero llovía en Copenhague porque aquí no había trabajo, y Lillian tuvo un sueño.
Sentada al borde oscuro de la cama, llorando le dijo a Codona que algo había fallado, la cuerda se deshilaba mecha por mecha y ella volaría alto contra la carpa.
Cuando se rompía la última hebra, Lillian se desató del sueño, tiritando, sin aire.

No podía ser. Dando vueltas y vueltas en el anillo romano, con la gracia y el placer de volar, torciendo la hebra, tejiendo su destino.

on—not in tents anymore—
in enormous buildings: Madison or the Spectrum.

And from repeating the same show three times a day, lion and tamer
have been trained in their cage by a gasped "Oh my God."
And they die of old age, one in the arms of the other. The Viennese
chair survives them with its scratches from claws, carnivore fangs.
Like Gargantua and Toto, the Ringling Bros. gorillas who were married
and remarried for publicity—Greatest of the Great Weddings—
and are survived by their wedding rings.

Or like Lillian Leitzel—perfect and graceful angel of the air—survived
by a ring of broken metal.
She didn't know how to fall, never thought she would. The iron ring
gave.
That February night it was raining in Copenhagen because here there
was no work, and Lillian had a dream.
Seated on the dark edge of the bed, she told Codona through sobs that
something had gone wrong, the rope fraying strand by strand
and then she must have soared up into the tent.
As the last fiber was snapping Lillian untangled herself from the
dream, shivering, gulping for air.

It couldn't be. Going round and round on the Roman ring, with the
grace and pleasure of flight, twisting the strand, weaving her

¿Cómo pudo suceder, si esa era la rutina, nada más que la rutina,
girar, girar como giran los días?
Cinco días muriendo el Ángel Del Arco Iris en el silencio finísimo
que sigue a la lluvia.
Un minuto en el Madison Square Garden, los gladiadores con sus
palos en el hielo. Que no vuele, que no revuele una mosca.

Y se apagaron las luces como siempre cuando llega tu momento, y
un reflector, el más potente del circo, te iluminó como si
aparecieras, Lillian Leitzel,
te siguió al centro de la pista como si allí estuvieras, iluminó las alturas,
estuvo buscándote, buscándote, Lillian Leitzel de las alturas,
y en el momento de tu caída, un tambor estuvo redoblando con
redobles de tambores derramados.
Y estuvimos esculpiendo tu nombre: Ángel Del Arco Iris.
Y estaremos, el fulgor en tu nombre: Llave De Los Pájaros.
Y te habíamos llamado: Poema Que Gira En Sus Nervios.

«El anillo de fierro cedió,» escribo frente a los ventanales de la
biblioteca Van Pelt. Gran cuadratura.

destiny.
How could it happen? That was routine, just routine, spin, spin as the days spin.
Five days dying, the Angel of the Rainbow in the delicate silence following rain.
One minute in Madison Square Garden, the gladiators with their sticks on the ice. Let nothing fly, not the least insect.

And they doused the lights like they always do when your time comes, and a spot, the strongest in the circus lit you as if you were there, Lillian Leitzel,
it followed you to the center of the ring as if you had come, it lit the heights, it was searching for you, searching for you Lillian Leitzel of the heights,
and at the moment of your fall, a drum tapped to the beat of weeping drums.
And we were sculpting your name: Angel of the Rainbow.
And we always will be, the gleaming in your name: Key of Birds.
And we called you: Poem That Spins Upon Its Nerves.

"The iron ring gave out," I write, before the windows of Van Pelt. Grand squaring.

(BH)

¿Y qué hicieron con la huelga?

La vajilla de Jenny Littleton temblaba bajo los martillazos del remate,
ésa era la moda, música de abejas de lata:
colecciones de Lily, Laurel, Siren, Columbia, cucharitas de té que
sobrevivieron cuatro generaciones,
tenedores que sonaron como abejas de vidrio, cuchillos encandilados
al filo de las lágrimas.
El tour industrial o simplemente al Volga a cantar la colorada
canción de los boteros sería un lujo.
Llameaba un hormiguero de aviones en Newark, treinta por día,
brillantes a la manera del cutex para las uñas.

Y cosa curiosa: los edificios querían volar. Los indios mohawks
querían volar. Por eso las plumas.
Carpinteros del cielo, se quedaron sin viga maestra el primero de
mayo cuando abrieron al público
las puertas del Empire State con la risa del mordisco en la fruta del
paraíso.
Subir por la torre es un riesgo, como el amor. Te llevan, te traen, te
hacen creer que repartes a domicilio, en carretela o en avión.
Sacar partido en la confusión de las lenguas, la consigna. El palmoteo
mientras eres joven,
el frufrú de las primeras telas sintéticas, recámaras de rosas, pétalos,

And What Did They Do To The Strike?

Jenny Littleton's dining set trembled from the hammering at the
auction; that was the fashion, a music of tin bees:
collections from Lily, Laurel, Siren, Columbia, teaspoons that survived
four generations,
forks that sounded like glass bees, knives red hot on the verge of tears.
The industrial tour would be a luxury, or even to the Volga to hum the
boatmen's red hymn.
An anthill of planes blazed in Newark, thirty a day, brilliant as
fingernail polish.

An odd thing: the buildings wanted to fly. The Mohawks wanted to
fly. That's why the feathers.
Carpenters of the sky, they were left without a ridgepole on the first of
May when the doors
of the Empire State were opened to the public, to laughter at that bite
out of the fruit of Paradise.
Climbing the tower, like love, is risky. They take you up, they bring you
down, they make you think you deliver door to door, by wagon or
plane.
Taking advantage of the confusion of tongues, the cloakroom. The
applause while you're young,
swish swish of the first synthetic fabrics, bedrooms full of roses,

espinas.

¿Y qué hicieron con la huelga de los mineros de Pittsburg y los lecheros de Wisconsin y los chacareros de Iowa?
Dorothy Henrich, dieciocho de finos pechos, en esta foto mira la bancarrota del granjero Martin Henrich, su padre.
En esa otra, sus trenzas al aire de la prosperidad cuando tenía cinco, la pequeña rubia del centro.

En Union Square, los desempleados leen el Daily Worker y el Freiheit y hacen camping en Camp Nitgedeiget durante los fines de semana.
Ciento cincuenta mil se vieron el primero de mayo en Manhattan.

Los comunistas se distinguen por el pelo largo, no usan sombrero y fuman en la cafetería Crusader, discuten sobre el United Front, con libros grasientos bajo el brazo.

Pero el éxito: las lecciones de bridge de Ely Culbertson, cuatrocientos mil ejemplares al año y su famosa
página del Life, más famosa que las piernas que acariciaron con trucos de calentura el polvo bajo la mesa.
Días de muerte. En las calles de Philadelphia quedó Macley del Hosiery Union, un tiro por la espalda, defendiendo la huelga de las medias de seda.
¿Serían un poema las muchachas veloces sin medias de seda?

petals, thorns.

And what did they do to the strikes by the Wisconsin dairy farmers
and the Pittsburgh Miners and the Iowa farm workers?
In this photo Dorothy Henrich, eighteen, with a tiny bosom, is
staring at the bankrupt farmer Martin Henrich, her father.
In this one, when she was five, braids free in the air of prosperity, the
small blond in the center.

In Union Square, the unemployed read the Daily Worker and the
Freiheit and camp out in Camp Nitgedeiget on the weekends.
One hundred and fifty thousand showed up May first in Manhattan.
The communists are conspicuous with their long hair, hatless
and smoking in the Crusader cafeteria, discussing the United Front,
with grease-stained books under their arms.

But the success: bridge lessons from Ely Culbertson, four hundred
thousand copies every year and his famous
spread in Life, more famous than those legs that teasingly caressed
the dust beneath the table.
Days of death. Macley, from the Hosiery Union, ended up on a
Philadelphia street with a bullet in his back, defending the silk
stocking strike.
Would speedy girls be a poem without silk stockings?

(BH)

All That Jazz

No hay nada que agregar al verano, a la fanfarria de fierros bajo el
reloj de William Penn;
sol y jazz explotan en las vitrinas, en llamas caen las nubes y el gallo
de la veleta en la tentación, la fiebre en el brocal del viernes;
sol y jazz enrojecen frente a la luz del tránsito, y remedándose
marchan al Delaware, justo cuando haciendo la cruz,
un tren subterráneo va de sur a norte, y el otro a West Philly.
Nada que agregar. Érase una vez.

Sólo escuchar a estos nueve muchachos, su Dios en el cuerpo por un
brillo de centavos, sus diocitos de viernes bancario comiéndoles
las entrañas.
Podríamos llamarlos The Mellon Bank Group, o The PSFS Jazz Band o
simplemente The Provident.
Serán, con su grito en el cielo, los resurrectos, los nueve Scottsboro
Boys que en un principio fueron cuatro.

En Chattanooga se colaron al tren de Alabama Great Southern,
pensaban que en Memphis tendrían trabajo.

Lento iba subiendo la colina.
—*Tan lento el Choo-Choo tren reptaba la colina* —cuentan los

All That Jazz

There's nothing to add to the summer, to the iron fanfare beneath
    the clock of William Penn;
sun and jazz explode on store windows, clouds descend in flames and
    into temptation the cock on the weather vane, fever on the
    Friday curb;
sun and jazz turn red before the traffic light, and mimicking each
    other march off towards the Delaware, just when a subway
going south to north and another toward West Philly make the sign
    of the cross.
Nothing to add. Once upon a time.

Except for listening to these nine boys, God in their bodies for the
    gleam of a few coins, financial Friday Gods devouring their
    entrails.
We could call them The Mellon Bank Group, or the PSFS Jazz Band
    or simply, The Provident.
With their shouts to the sky they'll be the newly resurrected, the nine
    Scottsboro Boys who in the beginning numbered four.

In Chattanooga they squeezed onto the Alabama Great Southern
    because they thought they might find work in Memphis.

instrumentos—, *que una pandilla de blancos subía y bajaba tirándonos piedras.*

—*Uno de ellos me pisó la mano* —roncó Patterson con el bronce de todo los Patterson del sur—. *Así comenzó el caso de Scottsboro: con un pie blanco sobre una mano negra.*

—*Y los echamos del tren.*

Quejándose el Alabama Great Southern entró al túnel de Lookout Mountain y recibió una lluvia de piedras.

Saliendo a la luz, el tren tomó velocidad.

—*Éramos nueve negros*— dicen los nueve instrumentos.

Y los granjeros de Paint Rock, turba capitaneada por el jefe de estación, los esperaban con rifles y revólveres.

Mujeres de trenzas doradas bajo la cofia, palos y horquetas.

Todo lo que era negro lo echaron del tren. El carbón dejaron para la máquina.

Cerca de las camelias, la pandilla de blancos y las dos muchachas rubias con la mezclilla de los hombres.

—*A nosotros nos juntaron a la izquierda* —línea del saxo alto—, *entre almacén y correo. Una sola cuerda sirvió para amarrarnos a todos por las muñecas.*

La cuerda iba de mano en mano de negro, nueve negros. Los blancos tenían armas, cigarrillo al labio; nos subieron al camión.

It slowly climbed the hill.

"The choo choo train snaked up that hill so slowly" —as the nine instruments tell it— *"that a gang of whites got on and off, throwing stones at us."*

"One of them stepped on my hand" —rasped Patterson, the same shade bronze as all the other southern Pattersons. *"That's how the Scottsboro case began: with a white foot on a black hand."*

"So we threw them off the train."

Belly-aching, the Alabama Great Southern entered the Lookout Mountain tunnel and was greeted with a hail of stones.

Exiting into the light, the train gathered speed,

"We were nine negroes," say the nine instruments.

And the farmers from Paint Rock, a horde captained by the station master, awaited them with rifles and revolvers.

Women with golden tresses beneath their bonnets; sticks and pitchforks.

Everything black was tossed from the train. They left the coal for the engine.

By the camellias, the gang of whites and two blond girls dressed in mens' denim.

"They corralled us off to the left" —alto sax line— *"between the store room and the mail depot. One rope was enough to tether us together by the wrists.*

Sudor de junio para contar la historia tal como ellos la recuerdan en
su jazz del viernes, a la salida de las oficinas.
Recordaremos la brisa que levanta la brizna en praderas de hacer el
amor, dicen;
el ritmo de timbales en el tabaco, el baile que se acabó, dicen:
los bramidos de bronce entre rejas y la flauta del cordero que quita el
sueño, dicen.
Y recordando se interrumpen, dialogan, recomienzan:
—*En un principio fue a dólar el día de trabajo, nadita de nada bajo el sol.*
—*Los mercaderes desataron sus culebras contra nosotros, y la luz al
templo entró engañada por los gallos del domingo.*
—*Pero los querubines, los serafines locos. Aleluya*— aullaba Charlie.

Y fue la mujer de la costilla blanca, a dólar el día de trabajo con su
lámpara de siete velos entre los bares de la estación.
Con el pelo escondido, Ruby fue Victoria bajo el overol tiznado de los
trenes; el ritmo de los trenes que silban de calor, bufan sus agallas
en el ritmo de Eugene, el menor de los tarros, que soñaba con el mar
nunca visto atado al atabal de la buena suerte,
herradura del timbal que señala al caballo desatado, desbocado de la
mañana a la noche, y de la noche a la playa de los siete ángeles
locos y la espuma de los siete velos.

Días de humo y noches de fiebre cuando arden las camelias y en

The rope stretched from hand to black hand, nine negroes. The whites had guns, cigarettes hung from their lips; they herded us onto the truck."

A June sweat to tell the story just as they remember it with their Friday rush hour jazz.
We'll remember the breeze that rustled the blades of grass in meadows perfect for making love, they say;
the rhythm of drums in the tobacco, the dance that disappeared, they say;
the bronze bellowing behind bars and the flute of the lamb that keeps you awake, they say.
And remembering, they interrupt each other, conversing, reconvening:
"In the beginning it was a dollar a day's work, next to nothing out in the sun."
"The money changers let loose their serpents against us, and the light entered the temple, duped by the Sunday roosters."
"But those cherubs, those crazy seraphim. Hallelujah," howled Charlie.

And it was the white-ribbed woman, a dollar a day's work with her Lamp of the Seven Veils between the bars of the station.
With her hair hidden, Ruby was Victoria underneath the coal-streaked overalls. The rhythm of the trains that whistle from the heat, puffing through their gills

sueños el tren recibe agua antes de perder la cabeza.

Clarinete: —*¿Se ha visto alguna vez una mujer en llamas nadando al reino de los cielos con un nomeolvides entre los labios?*

Oboe: —*¿Se ha visto tal vez a la perra de los muertos iluminando el baile, la cama, la ceniza, con el ojo de hueso entre los labios?*

Saxo: —*En la penumbra de los muelles, al primer hálito, dicen que se ha visto.*

Flauta: —*En Mobile, dicen.*

Girando sin tino en su eje a la manera del reloj del año pasado, todos vimos el grito ácido en el calor del verano, su boca,

el tren que silbó saliendo de Lookout Mountain con los muchachos de Chattanooga Choo-Choo.

Era la noche de los carros de carga que cruzan Alabama. Tal vez en Memphis habría trabajo.

Los subieron a un camión. En media hora los tenían encerrados en Scottsboro.

Los amenazaron, los interrogaron, los golpearon. Los más pequeños lloraban. Ozie Powell, negrito de Georgia, lloraba.

Porque Andy quiso proteger a su hermano Roy, recibió un culatazo.

Olen Montgomery hincado buscaba sus anteojos, gimiendo ciego gemía.

—*Trajeron a las dos muchachas blancas* —recordó Patterson— *y nos preguntaron si las conocíamos.*

to the rhythm of Eugene, the youngest of the drums who dreamed of
a sea he's never seen, tethered to the good luck kettle,
the horseshoe of the drum that motions to the unhobbled horse,
astray from morning to night, and from night to the Beach of
the Seven Mad Angels and the Foam of the Seven Veils.

Days of smoke and feverish nights when the camellias burn and the
dreaming train is watered before it goes insane.
Clarinet: *"Has anyone ever seen a woman in flames swimming to the
Kingdom of Heaven with a forget-me-not between her lips?"*
Oboe: *"Has anyone seen by chance the bitch of the dead illuminating the
dance, the bed, the ashes, with a bone eye between her lips?"*
Sax: *"In the gloom of the docks, with the first breath, they say it's been
seen."*
Flute: *"In Mobile, they say."*

Revolving recklessly around its axle like last year's clock, we all saw
the acid scream in the summer heat, its mouth,
the train that whistled as it chugged out of Lookout Mountain with
those Chattanooga Choo Choo boys.
It was the night of the cargo cars crossing Alabama. Maybe in
Memphis they'd find work.
They herded them into a truck. In half an hour they had them
behind bars in Scottsboro.

—*No*—, contestaron en coro los nueve instrumentos.

—*Ustedes las violaron.*

Una moneda tintinea en la caja negra que dice Scottsboro Boys.

En sus rostros, la tristeza de los dioses perdidos y la pluma del pavor,
la sorpresa que nace cuando el sol y la luna dicen que sí,
las sirenas dicen que sí, Ruby con su lámpara de aceite entre los bares de la estación, Vicky con disimulo subiendo al tren de Alabama por un brillito de centavos.
Brillan las hojas pisoteadas frente al correo, ladran los perros, arden las plantaciones cuando el camión ilumina la carretera.
No podemos borrar este murmullo de linchamiento ni el chirriar de goznes ni el pájaro larvario que gime preguntando qué hora es para cantar.

Y entonces la trompeta levantó un ramillete marchito:
—*Tendido estuve sobre la hierba y al mediodía los pastos ardieron,*
con el ángel rubio estuve en el sopor de las grúas, el ángel que cantando encendió un reguero de visiones;
en los trenes de doble llave estuve, y ellos abrieron hogueras nocturnas, cascadas de fuego en la cabeza, signos de ceniza en el carbón de mi frente.
Cada uno con su pala insomne, señor juez, cava su tierra. ¿Quién lava los signos de ceniza?

They threatened them, interrogated them, beat them. The younger
ones wept. Ozie Powell, a little black guy from Georgia, wept.
Andy, trying to protect his brother Roy, was beaten with the butt of a gun.
Olen Montgomery scrabbled about on his hands and knees
looking for his glasses, moaning blindly.
"They brought the two white girls" —Patterson recalled— *"and asked us
if we knew them."*
"No" —the nine instruments answered in chorus.
"You raped them."
A coin clinks into the black case that says Scottsboro Boys.

On their faces, a sadness of abandoned deities and the feather of
terror, the surprise born when the sun and the moon nod yes,
the mermaids say yes, Ruby with her oil lamp between the bars of
the station, Vicky stealing quietly onto the Alabama train for the
glimmer of a few coins.
The trampled leaves in front of the mail depot gleam, the dogs bark,
the plantations blaze when the truck lights up the road.
We can't erase this lynching murmur nor the squeal of hinges nor the
larval bird that moans, asking the time so it knows when to sing.

And then the trumpet lifted a withered bouquet:
"I was stretched out on the grass and at noon it caught fire,
I was with a blond angel beneath the torpor of the cranes, the angel that

O cuando los negros entran en Alabama entre tabaco y algodón, y los
perros brillantes aúllan al tren de carga sus tijeras de la noche
como Olen, ciego en el clarinete que huele las rosas del jardín del
lado, las espinas del frente,
las raíces locas en la tierra con el silbido de los trenes subterráneos
que se cruzan bajo este City Hall.
Olen Montgomery ciego en su clarinete tras la reja, su brizna al
viento que anoche estuvo soñando con las campanas del otro
idioma y la luna flaca volcada sobre el corazón,
y unos pájaros que volaban hacia el oeste *—¿qué querrían decir los
pájaros que volaban hacia el oeste?—*,
y entonces toca la melodía para escucharla hincados en la pradera el
año que viene.
¿Verdad, mi negro, dice la hierba en su programa de corazón a
corazón, que las cartas no mienten?

Y la tuba de Andy anuncia una nueva colina y detrás, la ciudad nueva
sin el látigo amargo de las hortigas.

¿A qué sale del costado el borbotón? El llanto de sangre sube a la
oreja, cuenta lo que nunca se contó, un banquete de pan y vino,
y golpea *Perdóname, señor, un año más viejo quiero festejar* con las
sienes oscuras en los muros de Kilby. Se acabó el hombre de fierro.
Después baila el esclavo el baile de las máscaras, las flores, el barro de

sang and set fire to a forest of visions;
I was on the padlocked trains, and they opened nocturnal conflagrations,
waterfalls of fire in my head, marks of ash on the coal of my forehead.
Everyone digs their plot, your Honor, with a sleepless shovel. Who will
wash away those marks of ash?"

Or when the blacks enter Alabama among tobacco and cotton, and the
shining dogs howl at the cargo train, their scissoring of night,
like Olen, blind inside the clarinet that smells the roses in the garden
next door, the thorns across the street,
the mad roots underground with the whistle of the subways that cross
one another beneath this City Hall.
Olen Montgomery, blind behind bars inside his clarinet, his blade of
grass shaken by the wind that dreamed last night of the bells of
another language, with the skinny moon poured out upon his
heart,
while a few birds flew toward the west —*what did those birds mean,*
flying westward?—
and then he plays the melody so they can hear it next year in the
meadow, on their knees.
Isn't it true, my black friend, says the grass trying a heart to heart, that
the cards never lie?

And Andy's tuba announces a new ascent and behind the hill, the
new city without the bitter whip of nettles.

los domingos.

Se desmoronó la alegría, Andy tiembla al borde de la muerte, y Clarence con su trompeta lo remeda buscándole la risa:

—*Quiero saber qué significa "pronto" en su lenguaje. Aquí un mes son dos meses, una lombriz solitaria son doce o un año y más todavía.*

Cuentan historias de perdón, historias de perdón, historias de perdón.

—*Ibamos en el Chattanooga Choo-Choo porque en Memphis tendríamos trabajo, pero la rueda cambió su destino y nos llevó al Apollo de Harlem.*

Porque fueron tentados por el pastor negro de Brooklyn y entraron como Atracciones Especiales, perdónalos, señor.

Porque sus zapatos blancos y sus bastones deportivos fueron irrisorios entre las 50 bailarinas del Harlem, perdónalos, señor.

Porque fueron engañados por el pastor Harten, y terminaron con los pelos pulidos y brillantes y los bolsillos planchados, perdónalos, señor.

Willie, que mostraba la flor venérea mascando chicle.

Roy, que zapateaba de los labios para afuera.

Eugene, el menor de los tarros.

Olen, ¿qué querrían decir los pájaros que volaban hacia el oeste?

¿Por qué libertad condicional para Andy —ahora de 30— y para Clarence con 32 en el jazz a 13 dólares la semana

Why the bubbling from the side? The sobbing of blood rises to the ear,
tells a tale that's never been told, a banquet of bread and of wine,
and taps out *Forgive me, Lord, I want to celebrate another birthday,*
with his dark temples against the walls of Kilby. The man of iron
is done and gone.
Afterwards the slave dances the dance of the masks, flowers, Sunday
mud.
Happiness crumbles, Andy trembles on the edge of death, and
Clarence, with his trumpet mimics him, trying to make him
laugh.
*"I want to know what "soon" means in your language. Here a month is
two months, one tapeworm is twelve, even a year or more."*

They tell stories of pardoning, stories of pardoning, stories of
pardoning.
*"We were on the Chattanooga Choo Choo because we'd find work in
Memphis, but the wheel changed tracks and took us to the Apollo,
Harlem."*
Because they were tempted by the black pastor in Brooklyn and
entered as Special Attractions, pardon them Lord.
Because their white shoes and sporty canes were ridiculous among
the 50 Harlem ballerinas, pardon them Lord.
Because they were tricked by Harten, the pastor, and ended up with
their hair shiny and straight and with their pockets ironed,

en el aserradero de hacerse aserrín?

Y Mrs. Mitchell afirmó en el Advertiser que Andy ganaba una suma sideral para un negro ignorante y sin entrenamiento,

esta misma Mrs. Mitchell que ahora tira una limosna para la música.

Y Andy con la tuba volviendo al jazz:

—*No hay diferencia con la prisión*—, y los devolvieron a la cárcel, que siga el blues

mientras Patterson descansa con la toalla al cuello, y acuclillado disimula su corpulencia detrás del trombón

como si estuviera escondido en Michigan, cuando querían extraditarlo al verano terrible de Alabama el 48.

—*Nos persiguen, señor juez. Estas mujeres quieren que las violemos según la fama.*

Por eso Pauline, álias "Tillie", Faulkner invitó a Montgomery a beber unos tragos a su pieza la noche del 26 como si fuera el 4,

y antes de medianoche se metieron a la cama bajo una lluvia de fuegos artificiales.

Montgomery borracho en Detroit, Montgomery borracho en el Bronx, Montgomery borracho.

—*Sería un acto de gracia* —declaró Mrs. Francis Levikoff— *darle un revólver para que se destape los sesos.*

Réquiem por Montgomery, borracho en Monroe, GA., sin párrafo que lo recuerde este 9 de junio.

pardon them Lord.
Willie, who would flash a venereal bloom as he chewed his gum.
Roy, who would tap dance at the drop of a word.
Eugene, the youngest of the drums.
Olen, what did those birds mean, flying westward?

Why probation for Andy—now 30—and for Clarence—playing jazz for
 32—on 13 dollars a week in the sawmill where you saw yourself
 to dust.
And Mrs. Mitchell said in the Advertiser that Andy earned an
 unearthly amount of money for an ignorant, untrained negro,
this same Mrs. Mitchell who now tosses in a coin for the music.
And Andy with the tuba coming back to the jazz:
"this ain't no different from prison," and they took them back to jail,
 to keep the blues going
while Patterson rests with a towel around his neck, and kneeling
 behind the trombone hides his corpulence
as if he were still hiding in Michigan, when they wanted to extradite
 him to the terrible Alabama summer of '48.
"They pursue us, your Honor. These women want us to rape them, as our
 reputations promise."
That's why, Pauline, alias Tillie, Faulkner, invited Montgomery to
 drink a couple in her room the night of the 26th, as if it were the
 fourth,

Réquiem también por Roy Wright, que apuñaló a su mujer en la
cama sucia y después se suicidó.
Réquiem por Haywood Patterson, que escribió sus memorias y por
meretriz se le rieron en la cara en Detroit, bar de la muerte,
y lo enviaron a una cárcel de Michigan con su cáncer de limón.
Réquiem por Clarence Norris y sus 45 años en la silla, cuando la
carne no es carne por el golpeteo árido de los trenes que cruzan
Alabama y los fierros de ese verano no terminan.
Réquiem por los nueve.
Y réquiem por las dos muchachas blancas con sus mezclillas de
macho, muriendo olvidadas en el sur a 30 millas de distancia
una de la otra,
las 30 millas que hay entre Flintville, TEN. y Huntsville, ALA. después
de 30 años desde el viaje en el Chattanooga Choo-Choo tren de
carga;
réquiem por Ruby Bates que terminó carcomida en los pulmones;
réquiem por Victoria Price que terminó carcomida por las
lombrices del corazón.

Este que llamamos Andy Wright, el muchacho de fierro, guarda la
música, cuelga su valija, y antes de hundirse en el tren, torna la
cabeza como si viera
las rejas que dejó, resurrecto después de 19 años de cárcel; cuando
cruzó la puerta de Kilby, no hizo un solo comentario al periodista

and before midnight they fell into bed beneath a torrent of fireworks.
Montgomery drunk in Detroit, Montgomery drunk in the Bronx,
Montgomery drunk.
"It would be an act of mercy" —declared Mrs. Francis Levikoff— *"to give him a revolver so he could blow out his brains."*

Requiem for Montgomery, drunk in Monroe, GA., without a paragraph to remember him this ninth of June.
Requiem also for Roy Wright, who knifed his woman in their dirty bed and then committed suicide.
Requiem for Haywood Patterson who wrote his memoirs but was sneered at for prostituting in Detroit, a deadly bar, and was sent to a Michigan prison with his lemon tumor.
Requiem for Clarence Norris and his 45 years in the chair, when the flesh is no longer flesh from the arid thumping of the trains that crisscross Alabama and the iron bars of that summer never end.
Requiem for all nine.
And requiem for the two white girls in their mens' denim, dying in the south, forgotten, 30 miles between them,
the 30 that separate Flintville, TEN. from Huntsville, ALA., and 30 years since the trip on the Chattanooga Choo Choo cargo train;
requiem for Ruby Bates who died with her lungs eaten away; requiem for Victoria Price who died eaten up with heartworm.

de punto fijo.

Y escribió: "Me siento como un conejo en un bosque extraño, y los perros me siguen, y no tengo lugar donde esconderme. La libertad no significa nada para mí."

No hay nada que agregar.

Que el silencio suba quemándose por sus malos pensamientos, o que entre al río con las muchachas desnudas al atardecer,

o que baje a conversar cara a cara con la cara desnuda de Dios en el subterráneo al ritmo de tacos altísimos,

y le pregunte por qué en West Philly están quemando negros.

La última limosna tintinea en la caja del viernes, tintinea el reloj de William Penn.

Ahora que la flauta es el símbolo del cordero y en la noche llamean los valles de algodón.

The one we called Andy Wright, the iron boy, puts the music away,
picks up his case, and before submerging himself in the train,
turns his head as if he saw
the bars he left behind, resurrected after 19 years of prison; when he
went through the Kilby gate he didn't utter a word to the
reporter on stake-out by the gate.
But he wrote: "I feel like a rabbit in a strange forest, and the dogs are
after me, and I have no place to hide. Freedom means nothing
to me."

There's nothing to add.
Let the silence rise, burning itself for its evil thoughts, or let it enter
the river with the naked girls, at evening,
or let it descend and speak face to face with the naked face of God in
the subway, to the rhythm of the highest heels,
and ask him why they're burning blacks in West Philly.

The last coin clinks into the Friday case, the clock of William Penn
clangs.

Now the flute is the symbol of the lamb and valleys of cotton flare in
the night.

(BH)

De **Monarca**
1997

From **Monarch**

1997

Yo soy el que vuela y usted la monarca

—Y otros veranos llovía, sí, claro que llovía pero no tanto, le diré, eran tiempos de volar.
Y estuve esperando y lo amé con la lluvia en la balada del vidrio, hecha un nudo mil veces,
y ahora barro soy mil nudos la cortina, podrá creerlo, bajo qué manera de llover.
El día apisonaba el lomo del animal con su paso de botas, sus ciénagas por nubes, sus noches ciegas sin oyamel.
Con el naipe en el puño nos dejamos llevar por la lluvia, de pie sobre un territorio de certezas en que nunca
se confundiría el rayo de julio con la sequía de enero, nunca jamás el ámbar con la muerte.

Y mire. Rey de copas, reina de lágrimas, virreina en el solitario del Missouri;
guarniciones de oro y juego de ases donde las aguas se unen para reflotar escalera con piano tascado.
En el limo subieron manubrios de moto entre música de blues y tres llamadas de cartero, caretas
de confeti entre rock'n roll y cucharas de pino a merced de esas aguas espesas que de norte a sur del verano

I'm The One Who Flies and You The Monarch

"And other summers it rained, sure, of course it rained, but not as much
I'd say, those were times for flying.
And I was waiting and I loved you with the rain's ballad on the glass,
wound up and rewound a thousand times,
and now just mud, that's what I am, the curtain a thousand knots
wound together, you better believe it, out in such a rain.
Day tamped down the animal's back with its boot steps, its swamps for
clouds, its nights blind without an oyamel tree.
Grasping tight to the card we let ourselves be carried by the rain, feet
planted on a land of certainties where no one
would ever confuse July lightning with January's drought, nor amber
with death ever again.

And look. King of hearts, queen of tears, vice-queen of Missouri solitaire;
gold edging and a pair of aces where the waters join together to refloat the
stairs with the stuck piano.
Through the mire motorcycle handlebars poked out among the blues and
three knocks from the mailman, carts
of confetti among rock 'n roll and pinewood spoons at the mercy of those
thick waters which, from north to summer's south,
will shine with butterflies just like cars in a layer of oil about to boil up."

estarán reluciendo con mariposas igual que autos en una capa de aceite a punto de hervir.

Yo soy el que vuela y usted la monarca en el baile del celofán, lo certifico por el sauce de ahogada carretera si duda,
lo puedo traducir si en la duda quisiese los vuelos de papel en su baile como de lluvia,
y timbrar con el mismo sulfuro del légamo que trae bajo el aroma errante del amor, si tres veces dudara.
Pettus Bridge de letra confusa, Jackson apenas legible, no hay nada que perder, nada que cambiar.
Ni caben interpretaciones: estamos hechos a los rasgos sorpresivos, al aeropuerto anual donde anida la primera letra.

El león con su amapola está bien, y el sol que muere entre la ola y su gladiolo mejor,
y este mar nacional, el proceloso de abajo, quizás lo veamos ahora como lo vieron nuestros poetas de arriba;
¿y qué me dice de los mil rostros de la muerte que ven los actores por la gracia de los poetas?

Le contaré tal vez me contó que en algunas pesadillas los hombres de largo vivir
corren y recorren praderas de pasto muy breve sin poder escapar

I'm the one who flies and you the monarch in the cellophane dance,
I'll guarantee it with the willow by the drowned highway if you doubt,
I can translate if, in your doubt, you wanted flights of paper in their rain-like dance,
and stamp it with the very sulphur of the mud you bring beneath the errant aroma of love, if thrice you doubt.
Pettus Bridge with its jumbled letters, Jackson hardly legible, there's nothing to lose, nothing to change.
No room for interpretation: we're inured to the most surprising flourishes, to the yearly airport where the first letter makes its nest.

The lion with his poppy is fine, and the sun that dies between the wave and its gladiolus is better,
and this national sea, the stormy one below, maybe we can see it now the way they saw it, our poets up above;
and what can you tell me about the thousand faces of death which actors see by the grace of poets?

I'll tell you perhaps you told me that in some nightmares long-lived men
run back and forth through meadows of the briefest grass unable to escape the punishing sun.

al daño del sol.

Se hace tarde para asirnos a la palabra *salida* y, cada uno a su faena,
entrar al escenario
como al campo el leñador: de un portazo talan abetos aquí en los oídos, y oscurece;
ahora un zapato va a escandir la noche, sístole de alta tensión y un vuelo de ropa recién lavada en la cuerda,
serenándose a la luz de esa luna cuyo rostro es el vivo recuerdo de un paraguas idiota en la montaña.
Y me aferraré al tezontle que hay al final de la corriente porque rayitos malva tunden las camisas de mi decir.

Y porque en los ojos de monarca al modo del quetzal embrujado frente a la orquídea del camino,
bate su vuelo la verónica del hasta dónde vuelas tú, y brújula de quién con el abanico de la izquierda. Por eso.
¿Será usted la tan esperada clepsidra, la Sally Rand bailando únicamente para mí el vals de las plumas gigantes,
la bandana que siempre siempre good bye dice en sánscrito o la pañoleta que flota en el ritual de los parques?

El ámbar tal vez, su flor en el vuelo del mismísimo volcán.

It's getting late to grab onto the word *exit* and, each to their task,
come out on stage
the way the woodsman enters the grove: with one slam of a door
spruce are felled in our ears, and night comes;
now a shoe is about to scan the night, high tension systole and a
flight of just-washed laundry on the line,
clearing up in the light of that moon whose face is the living memory
of some idiotic umbrella on the mountain.
And I'll hold tight to the tezontle at the end of the current because
mauve beams pound the shirts of my phrase.

Because in monarch's eyes, like the quetzal enthralled by the roadside
orchid,
the veronica of as-far-as-you-can-fly soars flapping, and the compass
of the one with the fan to the left. Because of that.
Will you be the anxiously awaited water clock, the Sally Rand
dancing the waltz of the giant feathers just for me,
the bandanna that always always says adios in sanskrit or the fichu
that floats in the ritual of the parks?

Amber perhaps, its flower in the flight of the volcano itself.

(BH)

¿A dónde, Ariadna?

El humo cae más allá del cielo, sin dioses ni modales.

Un avión cruza el espacio, rayándolo; su ruido remueve las nubes, los
pájaros de tiza.
La red de cables eléctricos oculta una torre de alta tensión; en su
telaraña, la pechuga del ánade que va a estallar.
Como había previsto, paralelo al tren corre la carretera: ciudades
lejanas hacen contacto.
Tamaños depósitos de acero, doce pisos de pésame y pláceme: sus
cañerías recién sangradas
se pierden por puertas de orín al cementerio de autos, la maraña de
moscas
y el sueño del fondo, sus mariposas palustres.

Entre aceites de algún verano, una mujer desnuda toma el sol.

Mi vida está escrita con tales materias.

Where To, Ariadne?

The smoke trails off beyond the sky, godless and crass.

A plane crosses the sky, leaving a long scar; its sound stirs up the
clouds, the chalk birds.
The net of power lines hides a high tension tower; in its web, the
duck's breast about to burst.
As I had foreseen, the road runs parallel to the train: distant cities
make contact.
Colossal warehouses of steel, twelve floors of condolences and
congratulations: its plumbing, recently bled,
loses itself through rust doors into the graveyard of cars, the tangled
ball of flies
and the background dream, its swamp butterflies.

Among some summer's oils, a naked woman sunbathes.

My life is written over with such stuff.

(BH)

La mensajera traía una lámpara

Por fin, la mensajera cantaría: esa noche el animal salió por su
boca como del Radio City en llamas,
hizo señales de ceniza y voló a las lluvias que se guardan con las sedas
del puerto, el otro mundo;
una caravana de ángeles con ajorcas y cascabeles subía en un retozo
de manos traviesas y pies de almíbar.

Ya estaba lloviendo cuando la voz entró al espejito y le dio su aire, lo
lavó y lo deslavó, se abrazaban:
—*Luce, mi borrador; tendrás el brillo justo para atrapar esta mariposa*
nocturna
porque descifrar y disfrazar son operaciones de ojal y botón frente a la
cama, mi espejo.

Entre pálida y túmida pasó a la sala, repasó sus horas de satín y
reconoció restos de naufragio en su voz
cuando nadie se reconoce en un día de gran resaca entre las luces de
los cines.
Y llovió como llueven las victrolas perdidas en un aire de tabaco y
crótalos entre cirios;

The Messenger Was Carrying a Lamp

At last, the messenger would sing: that night the beast leapt out
through her mouth as if from Radio City in flames,
made some ashen signs and flew up to the rains that are kept with
the silks of the port, the other world;
a caravan of angels with bangles and bells ascended in a frolic of
naughty hands and syrupy feet.

It was already raining when the voice entered the little mirror and
gave it its air, washed it and washed it away, and they hugged:
"Shine, my draft; you'll have just the right gleam to trap this nocturnal
butterfly
because deciphering and disguising are button and buttonhole operations
in front of the bed, my mirror."

Halfway between pale and swollen she went into the living room,
reviewed her satin hours and saw the remains of a shipwreck in
her voice
when no one sees themselves on a day of strong undertow among
the movie lights.
And it rained the way the lost victrolas rain in an air of tobacco and
rattlesnakes among tapers;

el relámpago madre de toda cortina, su cámara ardiente, y un sorbito
de anís en el bolero.

La mensajera traía una lámpara y pidió silencio, su martillo
manoteaba en el mar
cuando el mismo mar es un decir: una grabadora que escuchara la
espuma de su propia respiración,
el roce de una perla de ámbar rodando en círculos una y otra vez, de
una mano que sopla los visos de un enjambre,
un carrusel en que se oye pasar una canción despeinada pero segura,
y un grito, una luz.

Los segundos sonaban a minutos y los días a noches de lluvia en
meses de hámago y miel;
no habría flores de comparsa en el giro con pañuelo ni cuando te
sientas en medio de la escalera
y no sabes si la tierrita del quinto peldaño está floreciendo para bajar
o para subir.

Después del génesis comenzaron a brillar las goteras de una ciudad
vacía al amanecer,
mientras desolación y lunes se miraban a los ojos, mudos para
siempre.

the lightning flash, mother of all curtains, its funeral chamber, and a
sip of anisette in the bolero.

The messenger was carrying a lamp and asked for silence, her
hammer slapping at the sea
when the sea itself is just a saying: a tape recorder that would listen
to the foam of its own breathing,
the caress of an amber pearl drop rolling in circles again and again,
of a hand that blows on the glint of a swarm,
a carrousel in which one hears a song pass by, uncombed but sure,
and a shout, a light.

The seconds sounded like minutes and the days like rainy nights in
months of beebread and honey;
there would be no processional flowers for the handkerchief spin,
not even when you sit down in the center of the stairs
and you don't know if the clod of earth on the fifth step is flowering
to go down or up.

After the genesis the dripping of a city, empty at dawn, began to glow,
while desolation and Monday looked each other in the eyes, forever
mute.

(BH)

Concierto de verano

Creció el pulmón en medio'el monte, Venus brilla y canta entre
llaves de trébol, su jersey de neón.
—*Para cambiar de piel y llorar, me arrastré hasta el fondo de la noche, el
humo, las cenizas,*
tratando de quemar todo rastro en la nieve de ayer.

La mar de tijeras y escobillas, los rockeros separan el aire y abren los
platillos, orégano al norte;
y la guitarra, su mariposa con soltura de cincuenta veranos, sus
bocinas al río.

—*Tú eres la muchacha del jersey con la llave de los locos*—, cuando verano
y número cifran la jornada entre luces de a mil,
suman saltos con gritos y piano con trapecio, asoma Venus y vuela el
trébol bajo mil.

Le llegó el rayo entre humo de altavoces:
luciérnaga lúbrica sube hasta las diez en vivo, en péndulo —doce
perlas digamos, un murmullo de cutículas—
y en directo percute con esta plumilla de cardo.

La mar está cerca, me late.

Summer Concert

The lung grew midst the woods, Venus shines and sings among clover
keys, her neon sweater.
"To shed my skin and sob I dragged myself to the bottom of the night, the
smoke, the ashes,
trying to burn away all tracks in yesterday's snow."

The sea of scissors and brushes, the rockers divide the air and open
cymbals, grass to the north;
and the guitar, its butterfly with fifty summers of agility, its horns
toward the river.

"You're the girl in the sweater with the key of the crazies," when summer
and number reckon the day's journey among thousands of lights,
adding shouts to leaps and piano to trapeze, Venus peeks out and the
clover soars under a thousand.

He heard the lightning among the smoke of the speakers:
lascivious lightning bug rises live till ten, in pendulum—twelve pearls
we might say, a murmur of cuticles—
and—live—it taps with this thistle quill.

Something tells me the sea is near. It beats in me.

(BH)

Acuario

Estos racimos de sargazo catorce coronan de perlas el hundimiento
del mismo jueves en el mar
y el rostro de una muchacha que hace años salió con luces
tormentosas del Pacífico,
los sesenta del otro lado con mucho grande amor en las flores de
Peñuelas:
océanos de jueves corrieron las altas cumbres que no dividen las
aguas.

Tributario del mar de fondo, estuve mirando durante meses los
pescaditos de colores del hospital de Brooklyn,
y por sus ventanas los camiones que a intervalos regulares volteaban
su basura, ida y vuelta
desde la asfixia en la escafandra del verano hasta el oxígeno de la
última estación, no había más tren:
el otoño llegaba opacando unas pocas palabritas de aliento en el
vidrio parco de Far Rockaway,
cuando una resaca fría barrió la catorce y su desnudo, y de un solo
parpadeo cerró la maleta.

Aquel salón con plantas acuáticas aterradas por el rayo de las dos, era

Aquarium

These clusters of sargasso fourteen crown with pearls the sinking of
Thursday itself into the sea
and the face of a girl who years ago came out of the Pacific with
stormy lights,
the sixties on the other side with much great love among the flowers
of Peñuelas:
oceans of Thursdays ran over the high peaks that do not divide the
waters.

A tributary of the background sea, I was stuck for months gazing at the
little colored fish in the Brooklyn hospital,
and through its windows the trucks that dumped their trash at
regular intervals, coming and going
from the asphyxia in summer's scuba gear to the last station's oxygen,
it was the end of the line:
Autumn arrived misting a few words of breath on the temperate glass
of Far Rockaway,
when a cold undertow swept over Fourteenth Beach and its nude,
and in a blink of the eye shut the suitcase.

That sitting room with aquatic plants frightened by the two o'clock

el remedo de las luces
tendidas después de un naufragio a la sombra de lentas esmeraldas,
tal vez tortugas en zona de lagos macilentos,
con racimo final y óxido de barco derrelicto en la espuma de un mar que fue implacable, faltaba más.
La metáfora del acuario yacía en los anteojos y su revista dormidos en un sofá,
cuando llegaba la hora cada día más temprano, más perdurable cada mes, de los anuncios luminosos.
Ahí los pescaditos, ¿qué Dios decide su clarete, la tenue tersura de su tinte, la luz del moscatel?

Atento al acuario, al mar de fondo con un ojo de piedra entre medusas,
al mar de arriba con su ojo de tigre agazapado en mitad del corazón, surto en el seno;
vigilaba el mar, cada ola del mar, que no faltara ninguna, que ninguna ola del mar fuera a volarse porque sí.
Mar con mar y menos aire, cielo hundido y nube ciega entre corales de plástico.

Aspas que fueron manos de arpista, alguna vez agitaron estas aguas haciéndose humo;
quedaba como queda un turbión de ceniza para ganancia de

flash, was the parody of the lights
spread out after a shipwreck in the shadow of slow emeralds, perhaps
turtles in a land of gaunt lakes,
with a final cluster and rust from an abandoned ship in the surge of
a sea that was implacable, that's all we needed.
The metaphor of the aquarium lay in the spectacles and their
magazine asleep on a sofa,
when the time arrived earlier each day, lasting longer every month,
the time of the neon signs.
And there were the little fish. Which God decides their claret, the
tenuous gloss of their coloring, the muscatel light?

Focussed on the aquarium, on the background sea with one stone eye
among jellyfish,
on the sky-sea with the eye of a tiger crouching in the center of my
heart, safe in the bay;
I watched over the sea, each wave of the sea, so none would go missing,
so no wave of the sea might fly off on a whim, just because.
Sea after sea and less air, sunken sky and blind cloud among plastic
coral.

Windmill sails that were once the hands of a harpist, once stirred up
these waters turning into smoke;
it turned out like a downpour of ashes for the benefit of tricksters,

tramposos, apenas un apunte de luz en la memoria.

—*¿Qué más puede contarnos, estaría colmado de arena el caracol? Mire cómo ponemos las orejas sobre el mar.*

Viento de travesía, en el cielo pasan olas ¿le parece?, alígero el acero cuyo laúd será su desastre,

alas de pájaros con quilla de volantín, o tal vez mariposas como velas, quilla pesada

y toneles de agua dulce amarrados con nudos marineros, si cambiara y tuviéramos que orzar.

Y tuvimos corrientes de fondo impulsadas por turbinas de vidrio a semejanza de los peces que silban en la noche como pájaros de almohada.

Hoy por hoy, dije, el mar está cero y mañana por lo menos tres en manos de la tal medusa y sus siete camarones;

cinco anidan en el pelo y dos de pie leones rompeolas furiosos a su entrada, no haya contrabando

mientras ella toma el sol, unos ropajes livianos, unos lacitos habladores, y se para frente al mar

pisando sus banderas que acaban de ser abatidas. ¿Así quién no es un ojo de agua?

Que te metas al mar para que no se alborote la playa, dije, y volví a mi pecera:

barely a note of light in memory.

"What else can you tell us, would the snail be plugged up with sand?
Look how we put our ears to the sea."
A cross wind, waves cross the sky, don't you think?, winged steel
whose lute will be its disaster,
the wings of a bird with a kite's keel, or perhaps butterflies like sails,
a heavy keel
and barrels of fresh water tied down with sailor's knots, in case the
wind changed and we had to tack against it.

And we had deep currents driven by glass turbines like the fish that
whistle in the night like pillow birds.
Right now, I said, the sea is zero and tomorrow at least three in the
hands of the supposed jellyfish and its seven shrimp;
five nest in its hair and two standing furious breakwater lions at its
entrance, so there would be no smuggling
while she sunbathes, some light clothes, some talkative straps, and
she stands up facing the sea
trampling her flags which have just been struck. Who isn't a spring
under these circumstances?
Take a dip in the sea so the beach doesn't get in an uproar, I said, and
returned to my fish tank:

Dear Buyer, Consulté con "Provisiones para Acuarios Co." de Los Angeles
y me confirmaron que a los pescaditos les inyectan tintura y los
llaman pescaditos de vidrio pintado; el color les dura entre tres y
cinco meses. No sabían si el procedimiento era doloroso para los
peces, pero me dijeron que es el mismo que usan para estudiar la
migración...

Como si no tuvieran documentos, los marinos mudaron de camisa
muchas veces y por fin se perdieron en el mar.
Un mar hecho pedazos, con sus aguas repudiadas de partida,
entrando y saliendo en apariciones fugaces;
el pretérito quedó imperfecto entre las olas curativas del verano,
cuánta basura en estas playas;
ahora siempre que mis aletas piden aire y la catorce se aproxima, me
falta una brazada.

Por eso, los polos de la sangre suben al cerebro que dice no con el
corazón a la deriva,
y hacen contacto entre un chirriar de dientes oxidados porque nunca
existió el arco iris;
los castillos hechos de sal y arena entrechocan con el dios del escarnio,
y el verdugo de la máscara con el náufrago verde que luce arena en la
herida y sargazo en el pelo,
así, ¿ve?

Dear Buyer, I consulted with the Aquarium Supply Co. of Los Angeles and
they confirmed for me that they inject dye into the little fish and call
them stained glass fish; the color lasts between three and five
months. They didn't know if it was painful for the fish, but they
told me they use the same process to study migration...

As if undocumented, the sailors changed their shirts again and again
and at last were lost at sea.
A splintered sea, with its waters repudiated from the beginning,
entering and exiting in brief appearances;
the preterite ended up imperfect among the curative waves of
summer, what a lot of trash on these beaches;
now whenever my fins need air and the fourteenth nears, I'm one
stroke away.

Because of this, the poles of blood flood my brain which says "no"
while my heart drifts,
and they make contact among a squealing of rusted teeth because the
rainbow never was;
the castles made of salt and sand crash into the God of derision
and the masked torturer with the green shipwreck sporting sand in
its wound and sargasso in its hair,
like this, see?

(BH)

Yo, que volví corriendo bajo la lluvia

Finalmente dos palabras en la carpeta de flores aeróbicas, dos zapatos en el jardín,
¿de qué idioma, campánula mía? Cultivo unos surcos de sal en los párpados, unos surcos generosos;
la almohada duermevela a pocas luces pide agüita de tersura por sus pétalos.
Cultivo un susurro entre peñascos en la gotera del pelo, una respiración bajo espinas,
lo riego de raíz y de corola con mi canto del puente —nomeolvides, no haya giro de campana—.

—Llovía en los remos, las estelas generosas.

Mis zapatos destilan después de todo: fueron el tigre del arco en el Schuylkill de la tarde,
la huella cortada por mi aliento de a mil según el filo, el tranco de fondo; de la noche,
*alma mía, no me digas nada** frente a las señales de cuatro hojas, doce del zodíaco
cuando brilla el rojo en la huella inconclusa; la edad de la toalla en el pelo (salobre) y de estos zapatos (habría que oírlos) en la lluvia:

esmeraldas al susurro: como bogadoras a la hiedra: como río bajo el arco.
Sólo escucha.

**Alma, no me digas nada,* Juan Guzmán Cruchaga

I, Who Came Running Back Through The Rain

At last two words for the folder of aerobic flowers, two shoes in the
garden,
from what language, my bellflower? I tend a few furrows of salt on
my eyelids, a few generous furrows;
the nodding pillow seems to want one last sip of smoothness along
its petals.
I tend a whisper among crags in the dripping of my hair, a breathing
under thorns,
I soak it from root to crown with my bridge song—forget-me-nots,
let it not capsize.

"It was raining on the oars, the generous wakes."

My shoes drip by the end; they were the tiger of the arch over the
Schuylkill in the evening,
shoe print cut by my racing breath along the edge, the background
stride; at night
*soul of mine, don't say a word** before the signs of the four leaves, the
zodiac twelve
when the red shines in the unfinished print; the age of the towel on my
hair (salty) and of these shoes (you'd have to hear them)in the rain:

emeralds into the whisper: like rowers to the ivy: like a river below
the arch.
Just listen.

**Soul, don't say a word,* Juan Guzmán Cruchaga.

(BH)

De **Llave de neón**

1998

From **Neon Key**

1998

Bajo el puente

Éste será el verano de los puentes húmedos, sus flores secas flotan
entre alambres de azogue.
Las capto con los ojos del hijo de más allá: en medio parpadeo se
zambulle como vástago en un cambio de golpes, de lentes, de casa.

El hombre de la otra orilla sueña los sueños míos, se arroja al agua
lustral y bracea con ojos de luche.
Compiten contra la corriente los dos pestillos del cerrojo turbio, van a
cerrarse las nubes del jardín.

Cada flor tiene su número, una sombra, el mismo año sin norte que
gira en el río.
Al sol reverbera un extremo del puente, una gota, cada nube lleva su
número, su llave.

Under The Bridge

This will be the summer of the humid bridges, their dry flowers float
among quick silver wires.
I take them in with my son's eyes, lent from beyond: in mid-blink he
dives in like a bud in an exchange of blows, of glasses, of house.

The man on the other bank dreams my dreams, he throws himself
into the ritual waters and swims with seaweed eyes.
The two bolts of the turbid lock compete against the current, the
garden clouds are about to close.

Each flower has its number, a shadow, the same aimless year that
spins in the river.
One end of the bridge, one drop, reverberates under the sun, each
cloud bears its number, its key.

(BH)

Reconstrucción

Desmantelamos el edificio, desmontamos bisagra por bisagra sus
puertas y pieza por pieza sus ventanas,
foto por diario los títulos bajo el linóleo y bala por tabla las vidas de
la guerra.

Fuimos cuidadosos: las figuraciones tocaban el cambio de piel y la
piedra de molino que taladramos;
el agua cayó en sus redes y no volverá; en el álbum, las notas de
alambre veloz y la duda,
esa lumbre del arco iris desde la cabeza a los pies y de los pies al piso,
quizás el piano;
seguro Tiresias ladró a las más oscuras golondrinas del pecho, los
grafitos de odio, los tigres de papel:
su lectura molía y soplaba el polvo del vidrio que dio, estará dando, al
parque;
cascos ligeros contra el tinglado, contra las paredes un timbre, voces
del intercom.

—Por ahora crujen las maderas, señal de que soñamos.
—Avanzamos y dormimos, mi Carmen, con araucarias perdidas.
Casa de los jadeos, sus mariposas, las virutas; puerta gris y ventana

Renovation

We took the building apart, hinge by hinge we took apart its doors
  and its windows room by room,
photo by paper, headlines beneath the linoleum and bullet by plank
  the lives of the war.

We were careful: fantasies shaped the change of skin and the mill
  stone we were drilling;
the water fell into its nets and will not return; in the album, my
  notes, rife with speedy wire and doubt,
that glow from the rainbow from head to toes and from toes to floor,
  perhaps the piano;
surely Tiresias barked at the darkest swallows nesting in your breast,
  the graffiti of hate, the paper tigers:
his reading ground away and blew the dust off the glass that looked
  out, will be looking out, onto the park;
scatterbrained steps against the floorboards, against the walls a bell,
  voices over the intercom.

"For now the boards creak, sign that we're dreaming."
"We go forward and sleep, my Carmen, with lost araucarias."
House of panting, its butterflies, the shavings; gray door and blind

ciega bajo la noche.

—*Si cantara l'alondra que te dije.*

—*Este jueves envejeció hace mucho en su trama.*

—*Su propia trampa de vigas olorosas, mi llave. Estírate.*

Amanece. Me gano la vida con el rodillo. Sobre la pintura fresca, toco los cantos con un pincel:

"Calandria, pájaro de pluma gris y carne fina. Ésa no sube a los árboles, nunca".

window in the night.

"If only the lark, the one I told you of, would sing."

"This Thursday and its warp grew old long ago."

"Its own trap of aromatic cross beams, my key. Stretch out."

Day breaks. I make a living with the roller. On the fresh paint I do the touch up with a brush:

"Calandra lark, gray plumage and fine flesh. That one never flies into the trees, never."

(BH)

Ulises el ciego

Una luna ostenta mi gallo en el ojo derecho, y en el izquierdo un sol.
En noches de eclipse, toca suavemente el violín que siempre guarda
bajo las plumas de su pecho.

Una vez enmudeció a mitad de su canto; por la carretera el sol no
sabía si entrar o salir,
la luna si entrar en los labios o salir por los pechos, así estaban las
cosas;
crujían tres toneladas de pollo en su deshielo, la hora ríspida al margen
de la 80,
mientras a contramano unas palomas todavía murmuraban que
Oswald era el asesino ideal.

Desde entonces fuma y toca jazz en un piano de resortes retorcidos,
pero enmudece con la primera luz:
con un ojo escucha al sol que sube, y arqueando el otro, a la luna que
se va.

Ulysses The Blind

My cock displays a moon in its right eye, and in the left a sun.
On nights when there's an eclipse, he softly plays the violin he
always keeps beneath the feathers of his breast.

He once fell silent in the middle of his song; the sun along the high
way didn't know if it should enter or go out,
the moon if it should enter through the lips or come out through the
breasts, things had gotten that bad,
three tons of chicken crackled defrosting, the violent hour on the
shoulder of I80,
while down the wrong way some doves were still murmuring that
Oswald was the ideal assassin.

Since then he smokes and plays jazz on a piano with twisted strings,
but falls silent at first light:
with one eye he listens to the rising sun, and arching the other, to
the setting moon.

(BH)

Noche

Sus notas se ponen de pie, salen del silencio con la ceguera del paso seguro;
se llaman de oído, jadean y alborotan, silban su beso para la foto, nadie las podría escandir;
turban la quietud del testigo que mira, en la calle del viernes, hecho una sola pieza
el varillaje del paraguas estrellado y retorcido por fuerzas del azar: se escurre un fogonazo, sólo llueve.

Si Tiresias abriese la ventana, este piano cruzaría el puente sin letra ni perro que ladre,
atraído por la viola de guirnaldas, el bolerazo que sube por las chimeneas de colores a la otra vida
y los músicos que a las cuatro bajan al Depósito luciendo el número del cordial.

Magnolia con luz chorreada de nightclub, paraíso de uñas carmesí y cigarro del último pianista.
Una mujer de impermeable claro y pelo negro, llora muy callada en la cabina telefónica.
Y sin creer en la música, al oído le musita a su Dios la letra

Night

Its notes get to their feet, come out of silence with the blindness of a
 sure step;
they call each other by ear, they pant and make a racket, they whistle
 their kiss for the photo, nobody could scan them;
they disturb the calm of the witness who watches, on that Friday
 street, the spokes of the umbrella
turned into one solid piece, smashed and twisted by the forces of
 chance: a flash slips out, it's only raining.

If Tiresias were to open the window, this piano would cross the
 bridge, the one without lyrics, not even a dog to bark at it,
attracted by the viola of garlands, by the tremendous bolero that rises
 through the colorful chimneys to the next life
and the musicians who go down to the Morgue at four sporting
 numbers from their middle toes.

Magnolia with spouting nightclub light, paradise of crimson nails
 and cigarette of the last pianist.
A woman with a light raincoat and black hair cries very softly in the
 telephone booth.
And without believing in the music, she whispers to the ear of her

del pintalabios:
—*Quién iba a imaginar que una mentira tuviera cabida en un madrigal.*
Un hilo de lluvia baja por su rostro, debe llamarse Verónica.

Será la noche en la pista, la rotura del costado; vuelve la viola del vaticinio
bajo acordes de magnesio y descarga su ventisca, después gime con la ceguera de las ambulancias:
Verónica se desnuda y echa su corazón al río. Sólo llueve.

God the lipsticked lyrics:
"Who could imagine that a lie would fit within a madrigal."
A thread of rain trickles down her face, she should be named
Veronica.

It will be the night on the dance floor, the piercing of the side; the
viola of prophecy returns
in magnesium chords and discharges its blizzard, afterwards it sighs
with the blindness of the ambulances:
Veronica strips off her clothes and throws her heart into the river.
It's only raining.

(BH)

Día con día

Invierno. Buscas la máquina del lenguaje frente al mar congelado y
bajo el lecho,
cuelgas la bufanda en el clavito del calendario, la corbata de los
negocios en la columna de salidas,
sacas cuentas, te cortas el bigote con pericia matemática, pelos más,
uñas menos, ábaco parcial.

Años después un petrolero perderá la ruta de los sargazos, el humo de
tres ladridos, el combate.

Y la próxima semana, los carruseles del malecón se rinden al
desamparo de la luz;
a su abandono, el túnel de los grandes amores cuando la madona
entre rulos pierde la cabeza,
arde su kiosko de bencina, rulos de somier quemado, la misma moto
en su giro genial;
y la ternura de los mares arriba al amanecer y se hunde por la draga
de los muelles
donde los ángeles, según tus cuentas, tiritan frente al espejo del
mesón
y exhalan su vaho mudo en los nudillos.

Day After Day

Winter. You search for the language machine before the frozen sea
and beneath the bed,
you hang your scarf on the calendar's little nail, your business tie on
the column of expenses,
you do the books, you cut your mustache with mathematical skill, a
few hairs more, a few nails less, a partial abacus.

Years later an oil barge will lose its way through the sargassos, the
smoke from three barks, the battle.

And next week, the carrousels on the boardwalk surrender to the
desertion of the light;
to its abandonment, the tunnel of great loves when the Madonna
loses her head among the curls,
its gas station burns, curls of a burnt box spring, the motorbike
itself in its brilliant swerve;
and the tenderness of the seas arrives at dawn and sinks down along
the dredge of the docks
where the angels, according to your books, shiver before the tavern
mirror
and breathe out their mute breath on their knuckles.

(BH)

Bolero

Para Juan M. Rivera

Cae la nieve sobre San Juan el Divino y el silencio se acumula en esta línea.
En el vano del pórtico pude palpar, creo, la imagen de Dios en su soledad;
después en la pastelería, lo he tomado como el encubrimiento del pelo público bajo abrigos y gorros de lana.

Es un asunto consumado, otra vez triunfó la realidad; cae la nieve y los turistas dan su ejemplo
a estudiantes de alquimia, consumen pasteles húngaros, nevados, y saborean café expreso;
por la tarde, compran postales de albura con figuritas de porcelana biscuit.

Pondero *aura de nieve,* incluso *arrebol*; la verdad, nadie ve los andamios que nielan los muros d'esta nave.
Sube la noche a los trapecios de San Juan. Qué bárbaro, un foco de luz suspende, altísimo,
una roldana de esmalte negro: la bailarina de neón da un salto y tiende una cuerda de guitarra con sus pies.

Entonces yo intento un canto, un susurro simple:
–*La noche está muy fría. Retrásame la muerte.*
Y bailo con esta cerrazón, abrazándome.

Bolero

For Juan M. Rivera

Snow falls on St. John the Divine and silence accumulates in this line.
On the threshold of the portico I could feel, I believe, the image of
God in his solitude;
later in the pastry shop, I took him to be the concealing of public hair
beneath coats and woolen caps.

It's an established fact, reality triumphed yet again; snow falls and the
tourists act as examples
for students of alchemy, eating snow-capped Hungarian pastries, and
sipping espresso;
in the afternoon they purchase postcards of whiteness and figurines of
biscuit porcelain.

I consider *aura of snow,* also *reddish glow;* the truth, nobody sees the
scaffolding that does the inlay on the walls of this nave.
Night climbs up to the trapezes of St. John. Good lord, a spotlight
suspends, very high up,
a black enamel pulley: the neon ballerina leaps and unrolls a guitar
string with her feet.

Then I try a song, a simple whisper:
"The night is very cold. Delay my death."
And I dance with this snow storm, hugging myself.

(BH)

Leona

Hoy quince de febrero, los leones de la biblioteca despertaron con una
corona de laureles en el cuello y un rosetón colorado en la nuca;
ahora, con el silencio de otro mundo, cae la nieve sobre el lomo
d'estos animales, los escalones y la diosa.
—Éste es mi rostro y cuando quiero hablar con Él, subo así, en llamas.
Ella no mueve los labios, da un paso y abre un suspiro, un bel canto
en la línea de floración del cielo;
y da otro, cerrando el libro de los desastres, las ruinas caldeadas de la
guerra.

Sotto voce: estas melenas no saben de bombardeos y resguardan el
libro de las advertencias.
22.40 Uhr.: Vorentwarnung.
23.28 Uhr.: Entwarnung.

Anoche, sin ir más lejos, serían las diez, los leones de Dresden habrán
llorado en otro mundo;
hoy por hoy lucen palomas de ceniza sobre sus melenas, las he visto
en crepitación de adoquines, con el mareo del vidente.
Ardía el crematorio Tolkewitz cuando manadas de leones salieron del
zoo como de sus tumbas,

Lioness

Today the 15th of February, the lions of the library awoke with a crown of laurels around their necks and a red bow on their napes;
now, with an otherworldly silence, the snow falls on the backs of these animals, the stairs and the goddess.
"This is my face and when I wish to speak with Him, I ascend like this, in flames."
She doesn't move her lips, she steps forward and opens a sigh, a bel canto on the flowering line of the sky;
and she takes another step, closing the book of disasters, the smoldering ruins of the war.

Sotto voce: these manes don't know bombardment and keep safe the book of warnings.
22.40 Uhr.: Vorentwarnung.
23.28 Uhr.: Entwarnung.

Last night, without going farther, it must have been ten, the lions of Dresden will have wept in the other world;
at least today they're boasting doves of ash on their manes, I've seen them in the crackling of the cobblestones, with the dizziness of a seer.

gemían asustados y buscaban la protección de las nubes, a gritos un
poco de nieve.

Ahora vuelca la mirada sobre el hombro, el vaivén del estribo sea su
omega del lábaro;
esta diosa del pórtico va más lejos, sacude sus propias palomas y se
esfuma con el hálito del último deseo.
—*Perdón, no me gusta subir envuelta en llamas.*
Casi lo dice.

Y cae la nieve.

The Tolkewitz crematorium was burning when prides of lions exited
    the zoo as if from their tombs,
afraid, they whimpered and sought the protection of the clouds,
    howling for a little snow.

Now she glances over her shoulder, the back and forth of the stirrup
    should be the omega of her labarum;
this goddess of the portico goes farther, shakes off her own doves and
    goes up in smoke with the breath of a last desire.
"Excuse me, I don't like to ascend enveloped in flames."
She almost says this.

And the snow falls.

(BH)

Penélope

Decía lo mismo despeinando su pelo, que estaba muy sola entre
comillas en su papel de Penélope, que siempre estuvo a
punto de hablar;

cerraba los ojos en el aire del balaustre, saltaba entre ladridos a la
playa y se tendía bajo el sol,

qué arena aquel verano tan lleno de aviones.

Con la espuma de las cinco bajo llaves del tarot, se perdía en el
dormitorio para llamar a Ulises,

largo laceo en la cuerda del fono y lloraba, sordamente lloraba sin
mover un solo músculo,

como si la eternidad tuviera su ahorcado que gira en el centro.

Penelope

She said the same thing unraveling her braid, that she was very lonely
in quotes in her role as Penelope, that she was always just about
to speak;

she would close her eyes in the air of the balustrade, she would leap
among the barking to the beach and lie down in the sun,

the sand so pleasant that summer of so many planes.

With the five o'clock foam beneath tarot keys, she would stray into
the bedroom to call Ulysses,

long lassoing with the phone line and she would cry, cry dully without
moving a single muscle,

as if someone were hanging at the center of eternity, and spinning.

(BH)

Notas

Notes

El autor

Raúl Barrientos nació en Puerto Montt, pueblo pequeño del sur de Chile. Cursó estudios en la Universidad de Concepción, institución donde luego enseñaría teatro. Después de los eventos trágicos de 1973, dejó Chile para radicarse en Estados Unidos e hizo estudios de letras hispanoamericanas en la Universidad de Pennsylvania y SUNY-Stony Brook. Ha publicado nueve volúmenes de poesía. Ganó el premio del Consejo Nacional del Libro y la Lectura dos veces en Chile, categoría inéditos, en 1993 por *Monarca* (publicado en 1997) y en 1997 por *Llave de neón* (publicado en 1998). Vive en Manhattan.

The Author

Raúl Barrientos was born in Puerto Montt, a small town in the south of Chile. He studied at the Universidad de Concepción, where he later became professor of theater. After the 1973 military coup he left Chile for the United States and pursued advanced studies in Spanish-American literatures at the University of Pennsylvania and SUNY-Stony Brook. He has published nine volumes of poetry. He won the national book award in Chile (Consejo Nacional del Libro y la Lectura, category unpublished manuscript) in 1993 for *Monarca* (published in 1997) and in 1997 for *Llave de neón* (published in 1998). He now lives in Manhattan.

El editor y los traductores

Ben A. Heller es profesor de literatura latinoamericana en la Universidad de Notre Dame. Ha publicado *Assimilation / Generation / Resurrection: Contrapuntal Readings in the Poetry of José Lezama Lima* (1997), y numerosos artículos sobre literatura moderna latinoamericana. Su propia poesía ha aparecido en diversas revistas literarias. Sus traducciones de la poesía de Barrientos recibieron el premio para traducción del Latin American Writers Institute en 1989.

Christopher Maurer es el jefe del Departmento de Español, Francés, Italiano y Portugués de la Universidad de Illinois, Chicago. Reconocido internacionalmente por su crítica y sus traducciones de Federico García Lorca, ha publicado libros y artículos sobre poesía española de los siglos XVI, XVII, y XX. Entre sus muchos logros profesionales, editó la poesía completa de García Lorca para Farrar, Straus & Giroux, y tradujo *Oráculo manual y arte de prudencia* (1991) y *El héroe* (1996) de Baltasar Gracián para Doubleday.

The editor and translators

Ben A. Heller is an associate professor of Latin American literature at the University of Notre Dame. He has published *Assimilation / Generation / Resurrection: Contrapuntal Readings in the Poetry of José Lezama Lima* (1997), and numerous articles on modern Latin American literature. He has published his own poetry in small literary magazines. Heller's translations of Barrientos's work were given the Latin American Writers Institute Translation Award in 1989.

Christopher Maurer is the head of the Department of Spanish, French, Italian and Portuguese at University of Illinois, Chicago. Well known for his criticism and translations of Federico García Lorca, he has published extensively on sixteenth, seventeenth, and twentieth century Spanish poetry. He is the editor of García Lorca's *Collected Poems* for Farrar, Straus & Giroux, and translor of Baltasar Gracián's *The Art of Worldly Wisdom* (1991) and *A Pocket Mirror for Heroes* (1996) for Doubleday.

Swan Isle Press is a nonprofit literary press dedicated to publishing the works of exceptional writers of poetry, fiction, and nonfiction.

La Isla del Cisne Ediciones is the imprint of the Press for original works in Spanish published in bilingual editions.

Swan Isle Press, Chicago, 60640-8790
La Isla del Cisne Ediciones
www.swanislepress.com

Corriendo bajo la Iluvia
Running Back Through the Rain

Designed by Edward Hughes

Typeset in Mendoza

Printed on Writers Offset Natural